강박증에 맞서기

저작권 ©2019 Rockridge Press, Emeryville, California

1976년에 개정된 미국 저작권법 107조 또는 108조에 의거하여 허용된 경우를 제외하고는 본 출판물의 어떤 부분도 전자, 기계, 복사, 기록, 스캔 등 그 밖의 다른 방법으로 복제하거나 검색 시스템에 저장할 수 없습니다. 출판사에 대한 허가 요청은 Permission Department, Rockridge Press, 6005 Shellmound Street, Suit 175, Emeryville CA 94608으로 문의하여 주시기 바랍니다.

책임 및 보증에 대한 면책사항: 출판사와 저자는 본 출판물의 정확성 또는 완전성과 관련하여 어떠한 진술이나 보증을 하지 않으며, 특정 목적에 대한 적합성 보증을 포함한 모든 보증을 부인합니다. 본 출판물의 유통·판매 과정에서 보증이 새로이 생기거나 연장될 수 없습니다. 여기에 포함된 내용이 모든 상황에 적합한 것은 아닙니다. 이 책은 출판사가 의학적, 법률적, 또는 기타 전문적 조언이나 서비스를 제공하지 않는다는 이해와 함께 판매됩니다. 전문적인 지원이 필요한 경우 유능한 전문직 종사자의 도움을 받으시기를 바랍니다. 출판사와 저자는 여기에서 발생하는 손해에 대해 책임을 지지 않습니다. 이 책에서 어떠한 개인, 조직 또는 웹사이트가 인용되거나 잠재적 출처로 언급되었다는 것이 출판사나 작가가 이러한 개인, 조직 또는 웹사이트가 제공하는 정보를 보증한다는 것을 의미하는 것은 아닙니다. 또한, 본 출판물에 기재된 인터넷 웹사이트는 독자가 출판물을 읽는 시점에는 변경되거나 사라질 수도 있습니다.
당사의 기타 제품 및 서비스에 대한 정보나 기술적 지원이 필요한 경우에는 미국 내 고객지원부 (866) 744-2665 또는 미국 외 지역 고객지원부 (510) 253-0500로 문의하여 주시기 바랍니다.
Rockridge Press는 많은 전자판·인쇄판 책을 출판합니다. 인쇄판에 수록된 일부 내용은 전자판에서 나타나지 않을 수 있으며, 또는 그 반대의 경우도 있습니다.

상표: Rockridge Press 및 Rockridge Press 로고는 미국 및 기타 국가에서 Callisto Media Inc.나 및/또는 그 계열사의 상표 또는 등록 상표이며 서면 허가 없이 사용할 수 없습니다. 다른 모든 상표는 해당 소유자의 자산입니다. Rockridge Press는 이 책에서 언급된 제품이나 공급 업체와는 관련이 없습니다.

강박증에 맞서기
아동을 위한 워크북

아이들이 원치 않는 생각을 멈추고, 강박적인 행동을
통제하며, 불안을 극복하도록 돕는 **40가지** 활동

타이슨 로이터 지음
사라 레바 그림

남경인, 김유안 옮김

Standing Up to OCD Workbook for Kids by Tyson Reuter
Copyright ⓒ 2019 by Rockridge Press, Emeryville, California
Illustrations ⓒ 2019 Sarah Rebar
First Published in English by Rockridge Press, an imprint of Callisto Media, Inc.
All rights reserved.
Korean translation rights ⓒ2022 by GWORLD
Korean translation rights are arranged with Callisto Media Inc. through AMO Agency Korea.
이 책의 한국어판 저작권은 AMO 에이전시를 통해 저작권자와 독점 계약한 좋은땅에 있습니다.
저작권법에 의해 한국 내에서 보호를 받는 저작물이므로 무단 전재와 무단 복제를 금합니다.

강박증에 맞서기

ⓒ 타이슨 로이터, 2022

초판 1쇄 발행 2022년 3월 30일

지은이	타이슨 로이터
그림	사라 레바
옮긴이	남경인, 김유안
펴낸이	이기봉
편집	좋은땅 편집팀
펴낸곳	도서출판 좋은땅
주소	서울특별시 마포구 양화로12길 26 지월드빌딩 (서교동 395-7)
전화	02)374-8616~7
팩스	02)374-8614
이메일	gworldbook@naver.com
홈페이지	www.g-world.co.kr

ISBN 979-11-388-0775-3 (73370)

- 가격은 뒤표지에 있습니다.
- 이 책은 저작권법에 의하여 보호를 받는 저작물이므로 무단 전재와 복제를 금합니다.
- 파본은 구입하신 서점에서 교환해 드립니다.

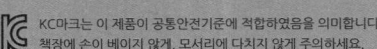
KC마크는 이 제품이 공통안전기준에 적합하였음을 의미합니다.
책장에 손이 베이지 않게, 모서리에 다치지 않게 주의하세요.

저자 서문

아이와 함께 이 책의 활동을 시작하기 전에, 부모님과 교사 그리고 치료자 여러분이 강박증에 대하여 어느 정도 이해하고 있는 것이 좋습니다. 그래야 아이에게 최고의 도움을 줄 수 있을 것입니다. 아이들을 위한 서문은 8쪽을 참고하십시오.

불과 30여 년 전만 하더라도 강박증(OCD, obsessive-compulsive disorder)은 치료할 수 없는 것으로 여겨지며 의사와 연구원, 보호자, 환자를 곤혹스럽게 했습니다. 다행히 이건 옛날이야기입니다. 지난 30~40년간 행동치료와 약물 요법에 상당한 진전이 있었고, 이로 인해 사람들이 강박증을 보는 인식 또한 매우 달라졌습니다.

강박증은 심신을 쇠약하게 만들기 때문에, 치료하지 않으면 계속 힘든 상황에 놓여 있게 됩니다. 최근에 진단을 받았든 아니든, 아이들이 힘들어하는 모습을 보는 것은 고통스러울 것입니다. 어쩌면 여러분은 어떻게 해야 할지 모르거나 좌절할 수도 있습니다. 그리고 아이에게 "그만 좀 해!" 또는 "왜 자꾸 그러는데?"라고 말할지도 모릅니다.

그러나 희망은 있습니다. 올바른 치료법과 꾸준한 노력이 있으면, 강박증을 치료할 수 있습니다. 표지에 따로 언급하지는 않았습니다만, 이 워크북의 이론적인 토대는 인지행동치료(CBT, cognitive behavioral therapy)에 기초하고 있습니다. 인지행동치료는 임상적으로 그리고 과학적으로 증명된 방법으로서 강박증의 치료에 큰 효과를 기대할 수 있습니다.

실제로, 인지행동치료는 약물치료만큼이나 증상을 완화시키는 데 효과적이며, 때로는 약물치료보다 더욱 효과적이기도 합니다. 이는 약물치료가 필요 없다는 의미는 아닙니다. 어떨 때는 약물치료가 보장된 결과를 제공하기도 하고, 또 어떨 때는 약물치료와 심리치료(therapy)를 병행해야 할 때도 있습니다. 꾸준한 연습과 표적 치료(targeted therapy)를 병행하면 강박증을 치료할 수 있습니다. 사람은 더 나아질 수 있으며, 나아질 것입니다.

역자 서문

현대사회에서 불안은 필수적입니다. 경쟁사회에서 살아남기 위해서 아이들은 어려서부터 불안에 노출되기도 합니다. 적절한 불안은 위험으로부터 보호해 주지만 너무 예민하거나 빈번한 불안은 과도한 긴장을 유발하여 부작용을 낳습니다.

이 책은 아동과 청소년을 대상으로 하는 대표적인 CBT 프로그램 중 하나로 강박증 아동을 이해하고 돕는 체계적인 프로그램입니다. 이 워크북으로 상담을 시작하기에 앞서 아동과 청소년 혹은 부모님들께 CBT에 대한 설명을 하실 것을 권해 드립니다. 이 책의 강박증 활동은 아이들이 원치 않은 생각을 멈추도록 돕고, 강박적인 행동을 통제하여 과도한 긴장과 불안을 극복하도록 돕습니다. 또한 기본 이론적 토대는 CBT를 근거한 프로그램으로서 성인에게 적용해도 무리가 없는 쉽고 재미있는 활동으로 되어 있습니다.

이 책에 나오는 아동의 이름은 한국 실정에 맞게 한국 이름으로 수정하였으며, 예시 상황 또한 한국문화에 맞게 번역하였습니다. 강박증과 불안 등 심리적인 문제를 가진 아동이나 청소년의 상담을 위혀 개인이나 집단에서 모두 사용해 볼 수 있습니다.

현장에서 많은 아동과 청소년을 만나는 임상심리전문가, 놀이치료전문가, 학교상담자, 사회복지사, 그리고 많은 부모님들께 이 책이 많은 도움이 되기를 기대합니다.

역자: 남경인, 김유안

아동을 위한 서문

강박증이 있는 아동으로 지내는 것은 무척 힘듭니다. 강박증은 일상적인 일조차 어렵게 만들고 때때로 큰 불안감을 느끼게 합니다. 일부 아동은 강박증으로 인해 갑자기 말도 안 되는 무서운 생각에 사로잡히기도 하고, 또 일부 아동은 계속 무언가를 확인해야 합니다. 아무리 멈추려고 해도 생각대로 되지 않습니다. 강박증이 있는 아동은 '제대로(just right)' 되었다고 느낄 때까지 어떤 특정한 행동을 반복하기도 합니다.

여러분은 강박증으로 인해 '답답하다(stuck)'는 생각이 들지도 모릅니다.

그러나 여러분은 혼자가 아닙니다! 많은 아이들이 강박증으로 고생하고 있습니다. 강박증이 있다고 해서 여러분이 '괴상'하거나 '이상'하다는 것은 아닙니다. 또한, 여러분의 잘못으로 강박증이 생긴 것도 아닙니다.

이 워크북에서는 여러분과 여러분의 가족이 강박증 도구상자를 만들어서 강박증을 극복하는 방법을 배울 것입니다. 자동차 정비사가 도구를 사용하여 자동차를 고치는 것처럼, 여러분의 기분을 고치는 도구를 배우고 여러분의 도구상자에 추가할 것입니다.

마치 탐정처럼, 여러분은 강박사고를 발견하는 방법을 배울 것입니다. 여러분은 강박증을 책임지는 방법과 거부하는 방법을 배울 것입니다. 여러분을 무섭게 만드는 강박사고를 천천히 마주 보고 용기 있게 대처하는 방법을 배울 것입니다. 여러분의 불안함을 덜어 주는 어디서든 사용할 수 있는 기술을 배울 것입니다.

여러분이 정말 잘하는 것을 한 번 생각해 보세요. 어쩌면 농구를 잘할 수도 있고, 피아노를 잘 칠 수도 있겠죠. 어쩌면 게임을 잘할지도 모르겠네요. 만약 여러분이 잘하는 그것을 별로 연습하지 않는다면 어떻게 될까요? 지금보다 더 잘하게 될 수 있을까요? 물론 아닐 것입니다. 무언가를 더 잘하기 위해서는 연습이 필요합니다. 열 번 찍어 안 넘어가는 나무가 없다고 합니다. 연습이 완벽함을 만듭니다.

강박증을 극복하는 데도 마찬가지입니다. 이 책에서 배우는 것들을 끊임없이 연습하는 것이 아주 중요합니다. 좋은 소식은 여러분이 더 많이 연습할수록, 여러분의 도구상자에 더 많은 도구를 채워 넣을 수 있다는 것입니다. 더 많은 도구를 가질수록 강박증에 저항하기 쉬워질 것입니다. 도구를 채워 넣는 데 시간은 걸리겠지만, 이는 점점 더 쉬워질 것입니다. 그리고 기분이 나아지기 시작할 것입니다.

강박증을 극복하기 위한 첫 번째 발걸음을 내디뎠습니다. 여러분의 노력만큼 결과가 있을 것입니다. 여러분은 해낼 수 있습니다!

시작하기 전에 알아두면 좋은 4가지

하나: 인지행동치료 입문

이 워크북의 이론적 토대가 되는 CBT(cognitive behavioral therapy)는 사람의 감정과 생각 그리고 행동이 연결되어 있고 서로에게 영향을 미친다고 가정하는 심리치료기법입니다. 강박증이 있는 아이들은 자주 큰 불안감을 느끼기 쉽습니다. 그러나, 아이에게 불안해하지 말라고 말하는 것은 그다지 도움이 되지 않습니다. 아이의 불안감은 전혀 줄어들지 않을 것입니다. 오히려 아이의 기분이 더 나빠질 수도 있습니다.

쉽게 말하면, 감정은 우리의 몸과 마음이 느끼는 것으로 다양하게 나타나며, 또, 우리의 감정은 시시때때로 바뀝니다. 그래서 사람은 자기감정을 선택하여 느낄 수는 없습니다. 이와 마찬가지로 아이들도 불안한 감정을 느끼지 않기로 선택할 수 없는 것이지요. 그러나 우리는 생각하는 방식과 행동하는 방식은 바꿀 수 있습니다. 생각은 우리 머릿속에서 떠오르는 것들로 뇌가 우리에게 말해 주는 것으로 생각은 감정에 영향을 미치고, 감정은 생각과 행동에 연관되어 있으므로 어떤 일이 일어나면 우리는 그 일에 대해 어떤 생각을 하게 되고 그 생각은 감정과 행동으로 이어집니다.

강박증은 강박사고와 강박행동이라는 두 부분으로 구성되어 있습니다. 강박사고는 생각이며, 강박행동은 행동입니다. 그리고 우리는 이 두 가지를 모두 바꿀 수 있습니다.

둘: 강박증 입문

강박사고란 원치 않게 침투하는 생각으로서 아이에게 상당한 고통이나 불안을 가져올 수 있습니다. 이러한 생각은 오염에 관한 것, 원치 않는 성(性)적 생각이나 이미지, 자신이나 타인이 다칠지도 모른다는 공포, 지나친 종교에 대한 집착 등 다양하게 나타납니다. 그리고 이러한 생각들은 상당히 불쾌하므로 아이들이 이를 무시하거나 밀어내거나 '중화'하려고 하는 것은 그리 놀랍지 않습니다.

여기서 강박행동이 나옵니다. 강박행동은 신체적 또는 정신적으로 이루어지는 반복적인 행동으로, 아이는 자신이 두려워하는 결과를 막기 위해 이 행동을 해야 한다고 느낍니다. 예를 들어서 숫자 세기, 걷기, 손 씻기, 말하기, 소리내기, 확인하기 등입니다. 이 의식들은 종종 특정한 방법으로, 특정한 횟수르 또는 '괜찮다'고 느껴질 때까지 시행됩니다.

강박행동의 핵심 목적은 불안을 줄이는 것입니다. 강박행동은 강박사고와 현실적으로나 논리적인 방식으로 연관되어 있을 필요는 없습니다. 예를 들어, 어떤 아동은 원치 않는 성(性)적 생각을 없애고자 차문을 세 번 쾅 닫습니다. 중요한 것은 아동들도 왜 자신이 그러한 강박행동에 사로잡히는지 명확하게 설명하지 못한다는 것입니다. 어떤 아동들은 자신의 행동이 과도하다는 사실을 모릅니다. 또 어떤 아동들은 강박사고와 자신을 분리하지 못합니다.

여러분이 이 워크북을 통하여 아이를 도움으로써, 아이는 자기 강박증에 대한 전문가가 되는 법을 배울 것입니다. 아이는 자신의 강박사고와 강박행동이 무엇인지 확인하고 언제 강박증이 생기는지 알게 될 것입니다. 또한 CBT에 기반한 전략을 배움으로써 자기 생각을 관찰하고, 도전하고, 궁극적으로는 바꾸는 방법을 배우게 될 것입니다. 아이는 가장 쉬운 활동부터 시작하여 두려움을 서서히 직면하는 방법을 배울 것입니다.

그와 동시에, 아이는 강박행동을 참는 법을 배울 것입니다. 이는 노출-반응 방지(ERP, exposure and response prevention)라고 불립니다.

다른 불안증세와 마찬가지로 강박증은, 아이가 두려움은 과대평가하고 그 두려움에 대한 자신의 대처능력은 과소평가하게 만듭니다. 반복적인 연습을 통해, 아이는 더욱 현실적으로 생각하는 방법을 배우게 될 것입니다. 아이는 두려움을 과대평가하는 대신, 상황이 생각보다 그렇게 나쁘지 않다는 것을 배우게 될 것입니다. 또한, 두려움에 대한 자신의 대처능력을 과소평가하는 대신, 아이는 자기 생각보다 더 잘 대처할 수 있다는 것을 배우게 될 것입니다.

셋: 치료가 성공하려면?

치료가 성공하려면 노력, 대상중재(targeted intervention), 그리고 강한 치료 동맹(therapeutic alliance)이 필요합니다.

노력: 샐러드 하나 먹었다고 바로 살이 빠지는 것은 아니듯이, 강박행동을 한 번 참았다고 해서 거대한 변화가 생기는 것은 아닙니다. 공포는 단 한 번의 경험으로 학습되지만, 그것을 잊는 데는 몇백 번의 시도가 필요합니다. 그러므로, 아이가 계속해서 연습할 수 있도록 여러분께서 격려해 주는 것이 매우 중요합니다.

강박증 치료는 상당히 힘듭니다. 특히 초반에는 더욱 그렇습니다. 그러나, 아이가 계속 연습을 거듭할수록 점점 더 쉬워질 것입니다. 처음에는 너무나도 고통스럽다고 생각한 일들이 점점 덜 힘들어질 것입니다. 계속하는 것이 중요합니다.

대상 중재(targeted intervention): 강박증을 치료하기 위해서는 특정한 종류의 심리치료(psychotherapy)가 필요합니다. CBT는 과학적으로 증명된 강박증치료법이며 경험적으로 입증된 치료방법입니다. 단도직입적으로 말하면, 어떤 심리치료는 강박증에 효과가 있지만, 최면요법, 정신분석, 지지치료(supported therapy)는 강박증에 효과가 미미하다고 합니다.

강한 치료 동맹: 치료 동맹이란 강박증 개선에 있어서 가장 중요한 요소라고 할 수 있습니다. 이는 아동과 치료자(therapist) 간의 유대감을 말합니다. 그러나 이는 치료자 없이는 강박증이 개선될 수 없다는 뜻은 아니며, 아동과 치료자가 깊이 신뢰하고 유대할수록 효과적으로 치료될 수 있습니다.

여러분이나 아이가 계속 이 워크북의 활동을 지속하기 힘들다고 판단된다면, 전문적인 도움을 받는 것을 고려해 보십시오. 강박증 치료에는 CBT가 가장 효과가 있으므로, 근거중심치료(evidence-based treatment)에 관한 경험과 전문지식을 가진 임상전문가(clinician)의 도움을 받는 것을 권장합니다.

정신건강 심리상담전문가의 도움을 받기로 했다면, CBT, ERP, ACT 에 관해 찾아보십시오.

넷: 어떻게 도울 수 있을까

침투사고란 머릿속에 갑자기 떠오르는 불쾌하고 원하지 않는 생각을 말합니다. **침투사고가 반복적, 지속적으로 나타나면 강박사고라고** 말합니다. 아이가 이로 인해 심란해하는 모습이나 계속 다시 확인하고, 다시 씻고, 다시 세는 등 끝없이 계속 다시 하는 모습을 보는 것은 부모로서 굉장히 힘든 일입니다. 그러나 우리가 할 수 있는 일은 상당히 많이 있습니다. 부모나 보호자가 해서는 안 되는 일들도 몇 가지 있습니다. 우리는 이 프로그램 워크북을 통해, 우리는 아이가 강박증에 맞서는데 큰 힘이 되어 줄 수 있을 것입니다. 다음은 몇 가지 기억해야 할 중요 사항입니다.

이건 정말로 어렵습니다. 손을 15초 동안만 씻고, 그냥 나가는 건 별것 아닌 일인 것처럼 보입니다 그러나 강박증을 가진 아동에게는 이것이 극도로 힘든 일입니다. 외부 관찰자의 입장에서 보면, 이제 아이는 자기 손이 완전히 깨끗하다는 것을 알아야 할 것 같습니다. 그러나 아이에게 이 상황은 씻기, 의심하기, 걱정하기의 너무나도 괴로운 악순환입니다.

이는 끝나지 않을 것 같은 악몽입니다.

아이의 머릿속은 아마도 다음과 같은 상태일 것입니다.
'내 손은 깨끗한 것 같아. 근데 만약 안 깨끗하면 어쩌지? 혹시 모르니까 한 번만 더 씻어야겠다. 이크, 이번엔 제대로 안 씻겼어. 다시 처음부터 씻어야 해. 이제 아빠가 뭐라 하기 시작했네. 그만 씻어야 해. 안 그러면 더 크게 혼날 거야. 근데 못 참겠어. 못 멈추겠어. 나는 왜 그냥 못 멈추는 거지? 나한테 무슨 문제가 있는 건가?'

당연한 말이지만, 인내심을 가지고 아이들을 도와주시기 바랍니다. 아이가 위와 같은 상황에 빠진다면 바로 정정해 주십시오. "너한테 문제가 있는 게 아니야. 네가 얼마나 힘든지는 모르겠지만, 네가 극복할 수 있다는 건 알아."

때로는 더 나아지기 전에 더 나빠지기도 합니다. 이 사실을 납득하지 못할지도 모릅니다. 그러나 아이는 지금까지 강박행동에 몰두함으로써 강박사고를 간신히 통제하고 있었습니다. 아이는 자신의 불안을 줄이기 위해 강박행동에 몰두했다는 것을 기억해 두십시오. 그리고 이 책에서는 강박증 치료를 위해, 아이가 강박행동을 참는 방법을 배우게 할 것입니다.

예를 들어, 어떤 아동은 괴로운 생각에서 벗어나기 위해 계속 냉장고 문을 열어서 확인하는 행동을 반복한다고 가정해 봅시다. 치료를 통하여, 이 아동은 냉장고 안을 확인하지 않아도 나쁜 일이 벌어지지 않는다는 사실을 배우게 될 것입니다. 괴로운 생각에는 아무런 힘이 없으며 두려워할 것이 없었다는 것을 알게 될 것입니다.

하지만, 그때까지 우리는 아이에게 '그 행동'을 참아야 불안이 줄어든다는 것을 알려 주어야 합니다. 우리는 아이가 마음속으로 강박사고를 없애 주고 마음이 편하게 해 주는 행동이라고 믿고 있는 것의 실체를 들춰 낼 것입니다. 시간을 들여 계속 연습을 거듭해 가면, 아이는 강박행동이 도움이 되지 않는다는 것을 알게 될 것입니다.

받아 주지 마세요. 이는 부모님이나 보호자가 가장 어려워하는 부분입니다. 아이가 자신은 더럽기 때문에 여러분을 만졌다는 이유만으로, 여러분이 오염될 것이라는 침투사고를 가지고 있다고 가정해 봅시다. 아이는 높은 불안감을 느끼며, 한편으로는 끊임없이 자신을 안심시키려고 합니다. "내가 엄마를 아프게 만든 거야? 괜찮아요? 진짜 괜찮아요? 죽는 건 아니죠?"

부모로서 아이가 괴로워하는 모습을 보는 건 힘듭니다. 그래서 대부분의 사람은 자연스럽게 이렇게 대답합니다. "당연히 괜찮지. 걱정할 거 없단다!"

이러한 뻔한 패턴은 무심코 아이의 불안감을 받아 주게 됩니다. 첫째로, 아이는 계속 자신을 안심시키기 위한 질문을 합니다. 여러분은 점점 커지는 불안감으로 괴로워하는 아이를 보는 것이 너무나도 힘듭니다. 특히, 아이의 질문에 대한 답이 너무 뻔할 때("당연히 괜찮지!")는 그냥 아이를 지켜보는 것이 너무 힘듭니다. 아이가 어서 기분이 나아졌으면 좋겠습니다. 그래서 아이에게 아무것도 문제되는 것이 없다고 말하며 안심시킵니다. 그리고 아이를 안심시키는 즉시, 아이의 불안감이 사라지고 편안해하는 것을 봅니다.

여러분은 좋은 의도로 한 행동이었겠지만, 이러한 패턴의 반복은 아이에게 장기적으로 도움이 되지 않습니다. "그래, 그래, 괜찮아. 계속 말했잖아." 이렇게 아이를 안심시키는 방식으로 강박증에 대처한다면, 여러분과 아이 모두 더욱 좌절감을 느끼게 될 뿐입니다. 이렇게 안심을 갈구하는 행위가 때로는 새로운 강박행동이 될 수 있음을 기억해 두십시오. 성공적으로 강박증에 맞서려면, 아이가 강박행동을 참을 수 있도록 해야 합니다.

여러분에게 전혀 그런 의도는 없었겠지만, 아이를 안심시킴으로써 오히려 아이의 생각에 더욱 힘이 실리기도 합니다. 즉, 무언가 끔찍한 일이 생길 거라는 *생각*을 하면 끔찍한 일이 *실제*로 생긴다는 믿음이 굳건해질 것입니다.

따라서, 만약 아이가 어떤 강박행동을 보일 때, 아이를 위와 같이 안심시키지 말고 이렇게 말해 보십시오. "지금 네 행동에 대해서 같이 생각해 보자. 네가 앞으로 그 행동을 하지 않더라도 아무 일도 생기지 않을 거야." 이때, 타이머를 사용하며 아이를 칭찬해도 좋습니다. "그 행동을 안 하고 2분이나 참았네. 대단해!" 다음번에는 버티는 시간을 점점 늘려 봅시다.

강박증 치료의 궁극적 목표는 아이가 자신의 생각이나 걱정, 공포가 틀렸다는 것을 알 때까지 강박행동으로부터 계속 견디는 것입니다. 아이는 자신이 틀렸다는 것을 배우면서 발전해 나갈 것입니다.

– 보상 차트 만들기

아이가 계속 참여할 수 있게 하려면, 인센티브를 주는 것도 좋습니다. 이는 여러분과 아이 모두에게 합리적이고 공정할 것입니다. 약간의 보상이 있다면, 아이가 계속해서 연습하는 데 큰 도움이 될 것입니다.

보상에는 많은 방법이 있습니다. 다음은 몇 가지 기본적인 규칙입니다.

구체적일 것: 목표가 구체적일수록 좋습니다. SMART 목표를 이용해 봅시다. 구체적이고(Specific), 측정 가능하며(Measurable), 달성 가능하고(Attainable), 관련 있으며(Relevant), 시기적절한(Timely) 목표를 세웁시다. 예를 들어 봅시다. 단순히 '살을 빼고 싶다'보다는 '앞으로 월수금 저녁에는 식사 후에 20분 동안 달리기를 한다'가 더 성취하기 쉬운 목표입니다.

강박증에 맞설 때에도 마찬가지입니다. '너무 많이 씻지 않도록 한다'는 별로 좋지 않은 목표입니다. 우선 '너무 많이'가 어느 정도인지 명확하지 않습니다. 5초인지 5분인지 알 수 없습니다. '씻는다'는 샤워를 말하는 것인지, 손을 씻는 것만을 말하는 것인지도 알 수 없습니다. 손소독제를 사용하는 것은 여기 포함될까요?

이보다는 '앞으로 화장실을 쓴 다음이나 밥 먹기 전에만 손을 씻는다. 타이머를 놓고 15초 이상은 쓰지 않는다. 시간이 지나면, 화장실/부엌에서 나온다'가 더 나은 목표입니다.

보상이 바로 지급될수록 좋습니다: 보상은 가까운 미래에 받을 수 있도록 하십시오. 오늘 고된 하루를 보내야 한다면, 몇 달 후에 있을 방학보다는 내일 있는 친구와의 약속을 떠올릴 때 더욱 힘이 날 것입니다. 아이에게 내년에 놀이공원에 가자는 약속을 하는 것보다는 이번 주에 아이가 좋아하는 음식을 사 주겠다고 하는 것이 더욱 좋습니다.

공정하고 일관성이 있어야 하지만, 융통성도 필요합니다: 문화상품권 5000원권이 보상이라면, 이는 반나절 만에 끝나서도 안 되지만 반년이나 걸려서도 안 됩니다. 아이가 보상을 얻는 데 걸리는 시간이 너무 짧거나 혹은 너무 길다면, 속도를 조절하여야 합니다. 아이가 끝까지 해낼 수 있도록 해 주십시오.

아이가 공정하게 얻은 보상에는 사전에 약속한 대로 보상을 해 주어야 합니다. 만약, 갑자기 규칙을 변경하면, 아이의 의욕이 낮아지게 됩니다. 여러분이 다음 주에 출근했는데 갑자기 급료를 받을 수 없다는 통보를 들으면 황당할 것입니다. 아이도 마찬가지입니다.

마지막으로, 포인트를 뺏지 마십시오. 아이가 포인트를 얻는다면, 이제 그 포인트는 아이의 것입니다. 만일 아이가 동생과 싸운다고 하더라도 포인트를 뺏지 마십시오. 강박증과 관련 없는 상황은 포인트에 반영하지 마십시오.

다양한 보상을 주세요: 크고 작은 다양한 보상을 섞어서 제공하십시오. 또한, 어려운 일에는 더 많은 포인트를 주십시오.

한편, 무엇이 쉽고 어려운지는 아이에게 달려 있음을 기억해 주십시오. 방문이 잠겼는지 확인하지 않고 참는 것과 가방 속의 노트가 순서대로 있는지 확인하지 않고 참는 것 중 무엇이 더 쉬운지는 아이에게 달려 있습니다. 강박증의 '규칙'은 종종 논리적이지 않습니다. 객관적으로 더 쉬워 보이는 것이 반드시 아이에게도 더 쉬울 것이라고 생각하지 마십시오.

벌하지 마세요: 무엇보다도, 강박증으로 인하여 절대로 아이를 벌하지 마세요. 첫째로, 이는 효과가 없습니다. 수많은 연구 결과는 바람직한 행동을 칭찬하는 것이 바람직하지 않은 행동을 비난하는 것보다 더 효과가 있다는 것을 뒷받침하고 있습니다. 두 번째로, 이는 아이의 기분을 더 안 좋게 만듭니다. 대부분의 아이는 이미 강박증으로 낙담하고 있습니다.

예를 들어, 아이가 장난감을 정리하고 침대 밑을 다섯 번은 확인하지 않고서는 잠에 들 수 없다면, 혼내지 말고 아이가 정말로 힘들다는 것을 인정해 주세요. 그리고 계속 아이가 해낼 수 있다고 말해 주세요. 다음에 더 잘해 보자고 말해 주세요.

보상에는 티켓을 이용할 수도 있고, 포인트 시스템을 이용할 수도 있습니다.

예를 들어, 아이가 부엌의 찬장을 여닫는 것을 어려워한다고 해 봅시다. 아이는 찬장을 세 번 열고 닫고 싶어 합니다. 만약, 아이가 찬장을 한 번만 열고 닫았다면, 두 번 더 열고 닫고 싶은 것을 참았다면, 아이는 포인트를 받아야 합니다.

다른 예를 생각해 봅시다. 아이가 침대에 이불을 '정확한' 방식으로 개어 놓고 싶어 한다고 생각해 봅시다. 아이가 이불을 '잘못된' 방식으로 개어 놓고, 다소 불편한 마음으로 앉아 있다면, 아이는 포인트를 받아야 합니다.

아래 포인트 차트의 예시가 있습니다. 여러분과 아이에게 가장 맞는 방법을 찾으십시오.

포인트를 받을 수 있는 행동	포인트
문이 잠겼는지 한 번 확인했으면, 더 이상 확인하지 않기	1
부모님께 '내가 아프지 않을지' 물어보지 않고 30분 견디기	3
집에 있는 모든 문이 열린 채로 1시간 견디기	5
'더러운' 손잡이를 만진 후 부모님과 포옹한 다음, 부모님께 괜찮은지 물어보지 않기	3

포인트를 쓸 수 있는 행동	가격
일주일에 스마트폰 시간 10분 늘리기	15
카카오톡 이모티콘 구매	25
좋아하는 음식 먹기	70
친구 집에서 자고 오기	100

포인트를 받을 수 있는 행동	포인트

포인트를 쓸 수 있는 행동	가격

- 마지막으로

아이가 고통스러워하는 모습을 보는 것은 매우 힘든 일입니다. 아이가 계속 반복하고, 세고, 확인하고, 씻고, 기도하고, 의심하고, 정리하며, '~하면 어쩌지'라는 생각에 사로잡혀 괴로워하는 것을 보는 것은 다른 사람에게도 스트레스입니다.

하지만 희망이 있습니다. 기억하세요. 강박증은 치료할 수 있습니다. 이는 단지 노력과 연습, 그리고 꾸준한 인내심과 무조건적인 지지만 있으면 됩니다. 아이가 강박증을 극복할 수 있는 첫 번째 단계를 밟은 것을 축하드립니다.

순서

저자 서문 · 5
역자 서문 · 7
아동을 위한 서문 · 8
시작하기 전에 알아두면 좋은 4가지 · 10

제1장 강박증이란 무엇일까?

활동 1: 답답해하지 않기 · 26
활동 2: 생각과 감정 · 30
활동 3: 강박증은 어떻게 악순환하나요? · 32
활동 4: 밀가루 체 치기 · 35
활동 5: 예지와 민국이 · 39
활동 6: 파티에 가자! · 44
활동 7: 진정하기 · 46

제2장 강박증 탐정이 되는 법

활동 8: 생각 적어 보기 · 53
활동 9: 여러분의 강박사고는 무엇인가요? · 56
활동 10: 습관 vs. 강박행동 · 61
활동 11: 여러분의 강박행동은 무엇인가요? · 63
활동 12: '생각 바꾸기' 도구를 사용해 봅시다 · 69
활동 13: '관찰자' 도구를 사용해 봅시다 · 75
활동 14: '시험해 보기' 도구를 사용해 봅시다 · 79

제3장 강박증에 맞서기

활동 15: 여러분의 사다리를 만들어 보세요 · 89

활동 16: 초심 유지하기 · 92
활동 17: 구름 관찰하기 · 100
활동 18: 지혜처럼 용기를 내 봅시다 · 105
활동 19: 주연이처럼 용기를 내 봅시다 · 112
활동 20: 새로운 도구 사용하기 · 116
활동 21: 성과를 확인해 봅시다 · 117

제4장 넘어져도 다시 일어나서 걸어요

활동 22: 이분법적 사고 · 127
활동 23: '반드시' · 129
활동 24: 라벨링 · 131
활동 25: 정서적 추론 · 133
활동 26: 망원경의 덫 · 135
활동 27: 독심술 · 137
활동 28: 예언 · 139
활동 29: '근데' · 141
활동 30: 잉크 한 방울 · 143
활동 31: 책임 · 145
활동 32: 생각의 덫에 대해 더 알아봅시다 · 148
활동 33: 작은 친절이 오래간다 · 155
활동 34: 닻 내리기 · 159
활동 35: 심호흡하기 · 163
활동 36: 근육 조이기 · 165
활동 37: 흔들리지 않고 맞서면 좋은 점은? · 168
활동 38: 경고 표시 알아채기 · 174
활동 39: 나만의 도구상자 만들기! · 178
활동 40: 괴물 잡기 · 179

참고 자료 · 181
감사의 글 · 184

제1장

강박증이란 무엇일까?

무언가를 특정 횟수만큼 세어야 한다는 생각이 들어 멈출 수 없던 적이 있나요? 아니면 병균이 걱정되어 몇 번이고 손을 씻은 적이 있나요? 물건이 '제대로' 배열될 때까지 몇 번이고 다시 정렬한 적이 있나요? 무서운 생각이 머리에서 계속 떠올라서 여러분을 괴롭히나요?

이러한 생각이나 느낌, 그리고 행동을 강박증이라고 부릅니다. 강박증이 있으면 일상생활이 매우 어려울 수 있습니다. 하지만 여러분은 혼자가 아니라는 걸 알아 두세요. 그리고 여러분은 잘못된 것이 아닙니다. 여러분은 강박증에 맞서는 방법을 배우고, 행복하고 건강한 어린이로 살게 될 것입니다.

답답함

답답하다는 것은 꽉 막힌 좌절스러운 감정입니다. 강박증이 있는 사람들은 일상생활 속에서 여러 차례 '답답함'을 느낍니다. 답답함은 누구에게나 어려운 감정이지요. 수영이의 이야기를 읽어 봅시다.

수영이의 이야기

수영이는 강박증을 가진 8살 아동입니다. 학교에서 길고 바쁜 하루를 보낸 수영이는 잠자리에 들 준비를 합니다. 화장실에서 이를 닦은 다음에는 손을 씻습니다. 물비누를 두 번 누르고, 수도꼭지를 틀었다 잠갔다 두 번 반복합니다. 그리고 따뜻한 물에 비누를 녹여 손을 씻습니다.

몇 초 후, 수영이는 손을 씻기 멈춥니다. 그리고 걱정하기 시작합니다. "아직도 안 깨끗하면 어쩌지?" 그리고 물비누를 두 번 더 누르며, 크게 말합니다. "하나, 둘." 그리고 다시 수도꼭지를 틀었다 잠갔다 두 번 반복하며, "하나, 둘"이라 말합니다. 수영이는 계속 손을 씻습니다. 멈출 수가 없습니다. "계속 씻지 않으면, 병에 걸릴 거야."

몇 분이 지나도 수영이는 계속 씻고 있습니다. 엄마가 화장실 문을 노크하며 빨리 끝내고 자라고 합니다. 수영이는 엄마에게 묻습니다. "제 손이 아직 안 깨끗해요. 병에 걸리면 어떡하죠?" 엄마는 수영이의 손은 충분히 깨끗하며 병에 걸릴 일은 없다고 말합니다. 그 말을 들으니, 수영이는 곧 안심이 됩니다.

그러나 이 안심은 오래가지 못합니다. 수영이는 침대로 향하면서 발걸음을 세기 시작합니다. 발걸음은 침대에 도착할 때 짝수로 끝나야 합니다. 왼발을 뻗으며, "하나…." 그다음 오른발을 뻗으며 "둘…." 이렇게 세면서 걷다 보니 '아홉'에 침대에 도착했습니다.

이런, 뭔가 잘못되었습니다. 수영이는 침대 속으로 들어갔지만, 뭔가 기분이 편하지 않습니다. 발걸음은 짝수로 끝나야 합니다. 답답함을 느낀 수영이는 다시 화장실로 가서 처음부터 시작합니다.

활동 1

답답해하지 않기

수영이의 이야기를 읽고 여러분의 생각이 났나요? 수영이는 무엇 때문에 답답해했나요? 또한 여러분은 무엇 때문에 답답해하나요? 이때 어떤 행동을 하면 마음이 편해지나요?

강박증이란?

수영이의 이야기를 다시 한번 살펴봅시다. 강박증이 없는 아동은 손을 한 번만 씻을 수 있습니다. 그리고 쉽게 화장실에서 나와 잠자리에 듭니다.

그러나 수영이는 그렇지 않습니다. 수영이는 어떤 행동을 특정 횟수 반복해야 합니다. 수영이는 물비누를 두 번 눌러야 하고, 수도꼭지를 틀었다 잠갔다 하는 행동을 두 번 반복해야 합니다. 수영이는 걱정과 생각을 멈추는 게 어렵습니다. 수영이도 자기 손이 깨끗하다는 것을 압니다. 하지만 혹시 모를 경우를 대비해 엄마에게 한 번 물어봐야 합니다. 또한, 수영이는 발걸음이 짝수가 아니면 잠자리에 들 수 없습니다. 짝수가 나오지 않으면, 처음부터 다시 해야 합니다. '제대로' 된 기분이 들 때까지 말이죠.

수영이는 강박증이 있습니다.

강박증은 영어로 OCD라고 합니다.

여기서 "**O**"는 *강박사고*(obsession)를 말합니다. 강박사고는 머릿속에서 떨쳐 버리려 해도 떠나지 않는 원하지 않는 생각이나 이미지를 말합니다. 여러분이 원하지 않는 생각이 계속해서 머릿속에 침투하는 것이지요.

이러한 강박사고는 때로는 무서운 내용으로 나타날 수 있습니다. 어떨 때는 말이 되지 않는 내용으로 나타납니다. 아무리 여러분이 강박사고를 억누르고 그만 생각하려고 해도 소용없는 것처럼 느껴집니다. 이 강박사고는 계속 여러분을 괴롭힙니다. 그리고 이 때문에 여러분은 더욱 걱정이 많아집니다.

수영이의 경우, 머릿속에서 떠나지 않는 생각은 '자신의 손이 깨끗하지 않다'는 것이었습니다. 수영이는 자기가 어쩌면 아플지도 모른다는 생각을 멈출 수 없습니다.

"**C**"는 *강박행동*(compulsion)을 의미합니다. 강박행동은 여러분이 해야만 한다고 느끼는 행동을 말합니다.

강박행동은 매우 다양하게 나타납니다. 강박행동은 손 씻기, 어떤 물건을 특정 횟수만큼 두들기기, 물건을 순서대로 정리하기, 숙제 다시 하기, 부모님께 "그거 확실한가요?"라고 몇 번이고 되묻기처럼 실제로 하는 행동에서부터, 기도하기, 세기, 확인하기, 특정한 숫자나 단어 반복해서 되뇌기 등 머릿속에서 벌어지는 행동이 포함됩니다.

여러분의 강박행동이 무엇이든 간에, 여러분은 그 행동을 계속 반복했을 것입니다. 이 행동은 여러분이 즐거워서 하는 것도 아니고 하고 싶어서 하는 것도 아닙니다. 강박증이 있는 사람들은 강박사고를 없애기 위해 강박행동을 합니다. 강박행동을 함으로써 불안감을 줄여 보려는 것입니다.

수영이가 해야만 했던 행동은 손 씻기와 발걸음을 짝수로 만들기였습니다. 수영이의 마음속에는 따라야만 하는 '규칙'이 있습니다. 만약 이 규칙을 어기면, 수영이는 더욱 불안감을 느끼고 처음부터 다시 시작해야 합니다.

"**D**"는 *질병*(disorder)를 의미합니다. 여기서 질병이란 스트레스와 걱정을 유발시키고 일상생활을 더욱 어렵게 만드는 특이한 사고방식 또는 행동방식을 말합니다. 강박증은 불안 장애의 한 종류입니다. 불안은 걱정과 비슷한 단어입니다.

활동 2

생각과 감정

아래 그림의 아동이 여러분이라고 생각해 보세요. 머리 위에 말풍선이 보이나요? 그 안에 여러분이 아무리 노력해도 머릿속에서 떠나지 않는 생각을 하나 적어 봅시다.

머리 주위에 '슬픔' 또는 '걱정'이나 '실망'과 같이 감정에 관련된 단어들이 쓰여 있는 것이 보이나요? 여러분이 말풍선에 적은 생각이 머릿속에 떠오르면, 어떤 감정을 느끼나요? 해당하는 감정에 모두 동그라미를 쳐 봅시다.

머릿속에 있는 생각을 떨쳐 내기 위해 여러분이 하는 행동에는 무엇이 있나요? 이때도 무언가 '규칙'이 있나요?

강박증은 어떻게 나타나나요?

처음에 말이 되지 않는, 두려운 생각으로부터 시작됩니다. 보통 이러한 생각은 자기 자신이나 주의 사람들에게 무언가 나쁜 일이 생길 것만 같은 예감 같은 것입니다. 더욱 끔찍한 것은 이러한 생각은 갑자기 튀어나온다는 것입니다. 이걸 침투적 생각이라고 하는데 기분 좋지 않은 생각이 머릿속에 있다는 것도 괴로운 일입니다만, 이러한 생각은 예고 없이 갑자기 튀어나옵니다.

'강박행동'이라는 말을 기억하고 있나요? 강박행동은 이러한 생각으로부터 벗어나기 위해 여러쿤이 취하는 행동을 말합니다. 여러분은 강박행동을 함으로써 불안함을 줄이려고 합니다.

예를 들어, 수영이의 강박행동은 손을 계속 씻는 것이었습니다. 또 다른 강박행동의 예로는, 물건을 특정한 방법으로 정렬하기, 물건 개수 세기, 같은 행동 반복하기, 이미 답을 알고 있지만 친구에게 굳이 물어 확인하기, 제대로 되었다고 느낄 때까지 계속 다시하기 등이 있습니다.

대부분의 경우, 여러분은 사실 속으로는 이러한 강박행동이 말이 되지 않는다는 것을 압니다. 그러나 강박증이 있는 사람에게는 강박행동이 말이 되느냐 되지 않느냐는 중요한 것이 아닙니다. 여러분의 머릿속에는 항상 '어쩌면'이라는 생각이 떠나질 않습니다. 여러분은 여러분이 '괜찮다'라고 느낄 때까지 멈출 수 없습니다. 여러분은 '이제 괜찮아. 멈춰도 되겠다'라고 느낄 때까지 계속 강박행동을 반복해야 한다고 느낍니다.

그러면 잠깐 동안 여러분은 덜 불안해집니다. 그러나 이는 오래가지 않습니다. 강박증은 여러분이 스스로 의심하게 만듭니다. 그러면 여러분은 강박행동을 처음부터 다시 해야 합니다. 이러한 악순환이 반복됩니다. 이는 너무나도 힘들고 절망적입니다. 이 때문에 때로 여러분은 슬프거나 화가 나고, 또는 더욱 걱정이 깊어집니다.

여러분은 '어떻게 이 악순환을 끝낼 수 있지?'라는 생각을 했을지도 모릅니다. 이는 정말 멋진 질문입니다. 이 워크북을 통해서, 여러분은 끝없는 강박증의 늪에서 벗어날 수 있는 다양한 방법을 배울 것입니다. 생각에 대응하는 방법, 그리고 강박행동을 그만두는 방법에 대해서 배울 것입니다.

활동 3

강박증은 어떻게 악순환하나요?

아래 빈 공간에, 여러분이 가지고 있는 강박사고 중 하나를 적어 봅시다. 강박사고란 머릿속에 갑자기 떠올라서 멈추지 않는 원치 않는 생각을 말합니다.

그다음에는 여러분이 가지고 있는 강박행동 중 하나를 적어 봅시다. 강박행동이란 강박증으로 인하여 해야만 한다고 느끼게 되는 행동을 말합니다. 사람들은 기분을 더 나아지게 하기 위해 또는 덜 걱정하기 위해서 강박행동을 반복합니다.

이제 여러분이 적은 강박사고와 강박행동을 화살표로 연결해 봅시다. 화살표는 어느 방향을 향하고 있나요? 화살표는 한쪽에만 있나요? 아니면 양쪽에 화살표가 있나요? 대부분의 경우 사람들은 강박사고가 먼저 나타납니다. 그리고 이로 인해 불안함이 생기게 됩니다. 그러면 강박행동을 하여 불안함을 없애려고 합니다.

왜 강박증이 생기나요?

빵을 만들어 본 적이 있나요? 빵을 만들 때는 우선 밀가루를 체에 거른 뒤, 다른 재료들과 섞어야 합니다. 체를 가볍게 두드리면, 체에 있던 밀가루 덩어리가 점점 작아지며 체의 작은 구멍을 통과합니다.

사람의 뇌도 체와 같습니다. 사람의 뇌는 처리해야 할 정보가 아주 많습니다. 매초마다 사람들은 색깔을 보고, 소리를 듣고, 질감을 느끼며 생각을 합니다. 대부분의 경우, 사람의 뇌는 이런 다양한 정보를 아무 문제없이 처리합니다. 그러나 강박증이 있으면, 정보 덩어리가 제대로 체에 걸러지지 못합니다. 밀가루 덩어리가 체에 걸러지다 막힐 때가 있듯이, 때때로 생각도 뇌에서 걸러지지 못하고 막힐 때가 있습니다.

예를 들어, 여러분이 아침마다 강아지에게 사료를 주는 일을 맡았다고 해 봅시다. 여러분은 학교에 가기 직전에 사료 그릇에 사료를 채워 두고, 부모님 차를 타고 학교에 갑니다.

그러나 차가 출발한 지 2분 정도 지났을 때, 갑자기 '내가 사료 통을 채웠었나?'라는 생각이 문득 듭니다. 오늘 아침의 기억을 다시 되살려 봅니다. 사료 봉투를 열어서 사료를 펐던 기억이 납니다. 그리고 옆에서 강아지가 신나서 꼬리를 흔들었던 기억도 납니다. 심지어 사료를 그릇에 쏟을 때 났던 소리도 기억이 납니다. 분명히 바로 몇 분 전에 강아지에게 사료를 준 것입니다. 그렇겠죠?

강박증은 여러분이 '내가 만약 안 줬다면? 내가 까먹었으면 어떡하지? 지금 다시 가서 확인해 봐야겠어. 혹시 모르니까'라고 생각하게 합니다.

강박증이 있으면, 분명히 여러분 기억 속에 사료를 준 기억이 있다고 해도 '내가 만약 안 줬다면? 내가 까먹었으면 어떡하지?'라는 생각을 멈출 수가 없습니다. 그리고 강박증으로 인하여 더 많은 걱정을 하게 됩니다. '그러다가 나쁜 일이 생기면 어떡하지? 배고플 텐데. 어쩌면 병이 생길지도 몰라' 그리고 여러분의 뇌는 이러한 나쁜 생각을 떨쳐 버릴 수가 없습니다. 이러한 나쁜 생각이 뇌에서 걸러지지 못하는 것입니다. 그래서 여러분은 실제로 사료를 줬다는 사실을 받아들이지 못합니다. 개가 배가 고플 것이고, 병에 걸릴지도 모른다는 생각을 계속하는 것은 너무 괴롭습니다. 다시 집에 가서 사료를 준 게 맞는지 확인하는 것이 가장 나은 선택으로 느껴집니다.

그러나 여기서 알아야 할 매우 중요한 사실이 있습니다. 머릿속에서 생각하는 일은 실제 생활에서 일어나는 일과는 다르다는 것입니다. 여러분이 단지 머릿속에서 생각했다고 해서, 그것이 현실에서 실현되는 것은 아닙니다.

예를 들어, 여러분이 지금 야구 경기를 하고 있다고 생각해 봅시다. 그리고 여러분은 홈런을 칠 생각을 하고 있다고 해 봅시다. 여러분은 홈런을 칠 생각을 아주 열심히 하고 있습니다. 배트로 공을 칠 때 들리는 커다란 타격음, 바람을 가르고 새처럼 멋지게 날아가는 공, 그리고 홈베이스로 전력 질주하는 여러분을 보고 응원하는 팀원들을 상상합니다.

여러분이 홈런을 칠 생각을 아주 열심히 했다고 해서, 여러분이 실제로 홈런을 칠 수 있을까요? 여러분의 머릿속에 있는 생각과 상상, 그 자체만으로 홈런을 만들어 낼 힘이 있을까요?

이 홈런 이야기는 생각하는 것이 실제로 일어나는 것과 얼마나 다른지를 보여 줍니다. 강박증으로 인하여 나쁜 생각이 들 때도 마찬가지입니다. 여러분은 강박증 때문에 일어날지도 모르는 끔찍한 일을 생각하게 될지도 모릅니다. 강박증은 여러분이 생각하고 싶지 않아 하는 무서운 장면을 머릿속에 떠오르게 합니다.

하지만 기억하세요. 끔찍한 장면이 여러분의 머릿속에 떠올랐다고 해도, 그것이 실현되는 것은 아닙니다. 다르게 말하면, 생각은 그저 생각일 뿐입니다. *생각은 현실과는 다릅니다.* 그리고 많은 경우, 생각은 전혀 실제가 아닙니다.

활동 4

밀가루 체 치기

사람의 뇌는 체와 같다고 한 것을 기억하나요? 밀가루를 체에 거르다 보면 막힐 때가 있듯이, 강박증이 있는 사람의 뇌도 '막힐' 때가 있습니다.

아래에 커다란 체와 커다란 밀가루 봉지가 그려져 있습니다. 대부분의 밀가루는 체에 잘 걸러지지만, 일부는 체에 걸려 막힙니다. 그러면 어떻게 하면 될까요? 체를 두드리면 됩니다!

이번에는 여러분이 실제 생활에서 강박증으로 인하여 '막혔다'고 생각했을 때를 떠올려 보세요. 그리고 체 옆에, 강박증으로 인하여 '막혔던' 것을 그리거나 써 봅시다.

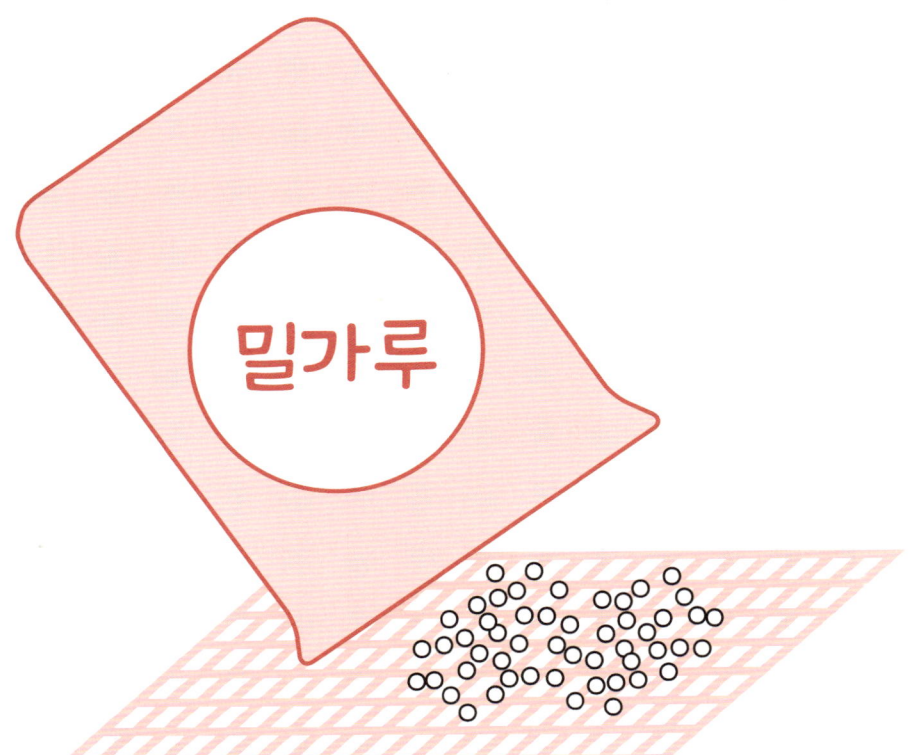

걱정도 강박증인가요?

사람은 누구나 걱정을 할 때가 있습니다. 사실 약간의 걱정은 도움이 되기도 합니다. 예를 들어, 내일 여러분이 시험을 봐야 한다고 해 봅시다. 이때 여러분이 아무런 걱정을 하지 않는다면 어떻게 될까요? 그래도 여러분은 시험 준비를 할까요? 공부를 할까요?

아마 하지 않을 겁니다. 만약 여러분이 그 어떤 걱정도 하지 않는다면, 마음속으로 이렇게 생각하지 않을까요? '괜찮아. 어차피 엄청 쉬울걸? 복습 같은 거 할 필요도 없어. A+ 일 게 확실해.'

긍정적인 것과 자신감이 넘치는 것은 좋은 일입니다만, 약간의 걱정이 있으면 문제를 해결하는 데 실제로 도움이 됩니다. 약간의 걱정은 우리의 뇌가 미리 준비할 수 있게 해 줍니다. 앞선 예시의 경우, 약간의 걱정은 여러분이 시험에 대비해서 미리 공부할 수 있게 해 줄 것입니다. 그리고 이러한 약간의 걱정은 꽤 좋은 결과를 가져옵니다. 예를 들어, 여러분은 공부를 안 했을 때보다는 더 나은 점수를 받겠죠.

그러나 약간의 걱정과 강박증은 서로 아주 다릅니다. 아래의 두 이야기를 읽으면, 그 차이점을 알게 될 것입니다. 우선 첫 번째는 민국이의 이야기입니다. 그다음, 예지의 이야기를 읽어 봅시다.

민국이의 이야기

민국이는 초등학교 2학년입니다. 요즘 학교에서는 과학 시간에 행성에 대해 배우고 있습니다. 담임 선생님께서 내일 지금까지 배운 행성에 대해서 쪽지시험을 보겠다고 하셨습니다. 민국이는 조금 불안해졌습니다. '내일 시험을 잘 못 보면 어떡하지? 내일 시험을 잘 보려면 공부를 좀 해 둬야겠어.'

그날 밤, 민국이는 공부를 하기 위해 책가방을 열어서 노트들을 꺼냈습니다. 민국이의 노트들은 과목별로 깔끔하게 라벨을 붙여 구분되어 있었습니다. '과학'이라고 써진 노트를 발견한 민국이는 행성 목록을 찾아 읽기 시작했습니다. "수성… 금성… 지구…." 민국이는 자기가 안다고 생각할 때까지 계속 공부했습니다. 민국이는 조금 덜 불안해졌습니다. 민국이는 노트를 두고 잠자리에 들었습니다.

예지의 이야기

예지는 초등학교 2학년으로 민국이와 같은 반입니다. 내일 있을 과학 쪽지시험을 잘 보지 못할 것 같아서 불안하고 걱정됩니다. 그래서 예지는 공부하기로 했습니다. 먼저, 예지는 책가방을 열었습니다. 하지만 무슨 이유에서인지, 한 번은 부족하다는 생각이 듭니다. 그래서 책가방을 잠그고 다시 여는 행위를 계속 반복했습니다. 지퍼에서 어떤 특정한 소리가 들릴 때까지요.

예지의 노트도 과목별로 깔끔하게 라벨이 붙어 있습니다. 예지는 과학 노트를 보자, 머릿속으로 한글을 하나씩 말합니다. "기역… 오… 아… 히읗… 아…기역…" 멈출 수가 없습니다. 뭔가 느낌이 딱 맞지 않습니다. 그래서 머릿속으로 '과학'을 몇 번 더 반복합니다.

이제 행성 목록을 찾아, 외우기 시작했습니다. "수성… 금성… 지구…." 그런데 뭔가 제대로 되지 않았다는 느낌이 듭니다. 그러면 다시 시작해야만 합니다. "자 다시… 수성." 예지는 수성이라는 글자를 손으로 두 번 톡톡 치면서 읽습니다. "그리고 금성." 이번에는 금성이라는 글자를 톡톡 치며 읽습니다.

예지는 슬슬 답답해지기 시작했습니다. 벌써 20분이나 지났습니다. 예지는 그만하고 싶지만, 그만둘 수가 없습니다. 예지는 항상 특정한 순서로 무언가를 해야 합니다.

활동 5

예지와 민국이

　예지와 민국이 이야기 중 어느 이야기가 걱정에 관한 이야기 같나요? 또 어떤 이야기가 강박증에 관한 이야기 같나요? 여러분이 무언가에 대해 약간 걱정할 때와 강박증에 빠져 있을 때를 비교해 보세요. 어떤 점이 다른가요? 어떨 때는 약간의 걱정이 도움이 될 수도 있다는 것을 기억하세요. 예를 들어, 시험 때문에 걱정이 된다면, 미리 공부를 하여 준비할 수 있습니다. 강박증은 여러분이 나쁜 방식으로 걱정하게 만듭니다. 그렇기 때문에 사람들은 항상 강박증을 경계하는 것입니다. 밑에 여러분의 생각을 적어 보세요.

어떻게 강박증을 물리치나요?

인간의 뇌가 체와 비슷하다고 했던 것을 기억하나요? 보통 같았으면, 쉽게 체를 통과할 수 있는 생각들이 강박증의 방해를 받으면 체에 걸리고 맙니다. 그리고 이 때문에 여러분은 걱정하거나 좌절하기도 합니다. 강박증 때문에 여러분은 '혹시.', '어쩌면.' 그리고 '확인해야 해.'와 같은 생각을 하게 됩니다.

간혹 강박증은 여러분이 견딜 수 없을 정도로 무서운 생각을 하게 만듭니다. 여러분은 세상에서 가장 끔찍한 일이 일어날 것만 같아 걱정하게 됩니다. 그래서 여러분은 이러한 생각을 없애기 위해, 강박증에 굴하고 맙니다. 강박증이 하는 말에 귀를 기울입니다. 만약, 강박증이 여러분에게 다시 한번 더 확인하라고 말하면, 여러분은 그렇게 합니다. 만약, 강박증이 여러분에게 손을 계속 다시 씻으라고 말하면, 여러분은 그렇게 합니다. 또 만약에, 강박증이 여러분에게 계속 물건을 다시 세어야만 한다고 말하면, 여러분은 그렇게 합니다.

강박증은 커다랗고 배고픈 괴물과도 같습니다. 여러분이 강박증이 하는 말에 귀를 기울이고 무언가를 반복할 때마다 또는 '어쩌면.'이라고 생각할 때마다, 여러분은 이 괴물에게 먹이를 주고 있는 것입니다. 계속 이 괴물에게 먹이를 준다면, 이 괴물은 점점 더 강해집니다. 그리고 이 괴물은 점점 더 배고파 합니다. 계속 더 먹고 싶어 합니다. 이 괴물은 절대 배가 차지 않는 것 같습니다!

하지만 그렇게 걱정할 필요는 없습니다. 지금 당장은 강박증이 모든 힘을 가지고 있는 것처럼 느껴질 것입니다. 그

때문에 아주 겁이 날 수도 있습니다. 그러나 여러분이 이 배고픈 괴물에게 먹이를 그만 주고, 강박증에 맞서는 데 도움이 되는 방법이 많이 있습니다.

우선, 이해해야 할 세 가지 중요한 것이 있습니다. 바로, 생각, 감정 그리고 행동입니다.

생각: 생각은 머릿속에서 떠오르는 것을 말합니다. 뇌가 우리에게 말해 주는 것들이에요. 가끔은 머릿속에서 소리 내지 않고 자기 자신에게 혼잣말을 하기도 하지요. 이런 것들이 생각이에요. 신나는 것일 수도 있고('여름방학이 너무 기대된다!') 또는 두려운 것일 수도 있으며('저 벌이 나를 쏠까 봐 걱정돼.') 단순한 사실일 수도 있습니다.('초록은 색깔이다.')

감정: 감정은 우리의 몸과 마음이 느끼는 거예요. 마음이나 기분을 말합니다. 행복이나 기쁨, 신남과 같이 긍정적인 것일 수도 있고, 슬픔이나 분노, 걱정과 같이 부정적인 것일 수도 있습니다.

행동: 행동은 우리 몸으로 어떤 일을 하는 것을 말합니다. 자전거 타기, 동물 쓰다듬기, 시험 보기 등이 그 예입니다.

중요한 것은 세 가지가 서로 연결되어 있다는 것입니다. 어떤 일이 일어나면, 우리는 그 일에 다해서 어떤 생각을 하게 돼요. 그리고 그 생각은 감정과 행동으로 이어져요. 우리가 자기 자신에게 머릿속에서 하는 말도, 우리의 감정과 행동에 영향을 줄 거예요. 우리가 어떻게 생각하느냐에 따라 우리가 느끼는 것도 달라집니다. 또한, 우리가 무엇을 느끼는지가 우리의 행동에 영향을 미칩니다.

예를 들어, 내일 여러분이 중요한 축구 시합에 나간다고 해 봅시다. 여러분은 조금 긴장할 것입니다. 하지만 만약 여러분이 마음속으로 '내일 나는 최선을 다할거야. 우리 팀이 이기든 지든, 나는 시합을 즐길 거야.'라고 생각한다면, 여러분의 기분이 어떨까요? 이렇게 생각하는 것은 여러분의 긴장감을 줄여 줄 것입니다. 아니면 여러분의 친구들에게 시합을 보러 와 달라고 할 수도 있습니다.

반대로 여러분이 마음속으로 '내일 시합은 끔찍할거야. 우리 팀은 매일 져. 하나도 재미 없을거야.'라고 생각한다면, 여러분의 기분이 어떨까요? 이런 식으로 생각하면, 여러분은 더 긴장하게 될지도 모릅니다. 여러분은 시합에 별 기대를 하지 않습니다. 어쩌면 축구 생각을 하기도 싫어서 유니폼을 옷장 속에 넣고 꺼내 보지도 않을지도 모릅니다.

가끔 우리가 하는 생각 중에서는 사실이 아닌 것들이 있습니다. 또, 우리의 기분을 나아지게 하는 데에 도움이 되지 않거나, 문제를 해결하는 데에도 도움이 되지 않는 생각들도 있습니다.

강박증도 이와 비슷합니다. 특정한 횟수만큼 손을 씻지 않으면 병에 걸릴지도 모른다는 생각이 들지도 모릅니다. 이것은 생각입니다. 그리고 병에 걸릴지도 모른다는 생각을 하면 걱정이 됩니다. 이것은 감정입니다. 그래서 손을 계속 씻습니다. 이것은 행동입니다.

여러분과 여러분의 가족은 이 워크북을 읽으며 강박증을 다루는 다양한 방법을 배우게 될 것입니다. 이때 항상 여러분의 생각과 감정, 그리고 행동이 연결되어 있다는 것을 기억하도록 노력하세요. 여러분은 천천히 두려움을 마주하는 방법을 배우게 될 것입니다.

그리고 여러분의 강박사고가 잘못되었다는 것과 강박행동을 하지 않아도 그 어떤 나쁜 일도 일어나지 않는다는 것을 스스로 증명하게 될 것입니다. 여러분은 강박증으로부터 힘을 빼앗은 방법을 배울 것입니다. *힘을 가지고 있는 것은 여러분입니다. 강박증이 아닙니다.*

강박증!! 꼼짝 마!!

여러분에게 강박증이 있다는 사실이 걱정이 되거나 두려울 수도 있습니다. 그러나 여러분은 혼자가 아닙니다. 세상에는 많은 아이들이 강박증과 싸우고 있고, 미국에서는 50만 명이 넘는 아이들이 싸우고 있습니다.

힘들 때, 자기 스스로 격려하거나 따스한 말을 건네면 어려움을 극복하는 데 도움이 됩니다. 긍정적인 마음을 가지기 위해 자기 자신에게 할 수 있는 말은 어떤 것이 있을까요? 어떻게 하면 자기 자신을 응원하는 치어리더가 될 수 있을까요? 아래에 몇 가지 예시가 있습니다.

- "강박증이 있으면 힘들어. 강박증을 극복하는 건 더 힘들지도 몰라. 그래도 난 이겨 낼 수 있어!"

- "강박증 때문에 너무 시간을 많이 빼앗겨. 그래도 강박증을 극복하는 방법을 배울수록 마음이 편해질거야. 그러면 자유롭게 쓸 수 있는 시간이 더 많아지겠지?"

- "난 평범한 사람이야. 난 이상하지 않아. 강박증은 내가 어떤 사람인지와는 관계없어."

- "답답함을 느낄 때마다, 그게 강박증 때문이라는 걸 알아야 해."

- "지금 상황이 무섭게 느껴질 수도 있지만, 나랑 같은 일을 겪고 있는 애들이 많아. 난 혼자가 아니야."

- "난 용감해. 아무리 강박증이 괴롭힌다고 해도 이길 수 있어."

- "내가 강박증보다 더 쎄!"

- "때로는 강박증이 모든 권한을 다 가지고 있는 것처럼 느껴져. 하지만 나에 관한 권한을 가지고 있는 건 나밖에 없다는 걸 기억해야만 해. 강박증보다는 내가 더 강해."

활동 6

파티에 가자!

다음 그림을 보세요. 진호는 여덟 번째 생일을 맞아 파티를 열려고 합니다. 여러 가지 재미있는 일들이 벌어지려 하는 것이 보이나요? 파티 장소에 친구들이 모두 모여 있습니다. 맛있는 케이크와 많은 선물도 기다리고 있습니다. 재미있는 파티가 될 거예요!

어떤 행동들이 보이나요? 기억하세요. 행동은 사람들이 하는 것을 말합니다. 우리는 자주 행동이 행해지는 것을 목격합니다. 페이지 윗부분에서부터 선을 그어 내려가며 파티 장소에 가 봅시다. 단, 가는 길에 진호와 친구들을 만나는 것을 잊지 마세요!

가는 길에 사람을 만날 때마다, 그 옆에 그 사람이 무슨 생각을 하고 있을지, 어떤 감정을 가지고 있을지 짧게 써 봅시다. 진호는 선물을 열어 보려고 하고 있습니다. 진호는 무슨 생각을 하고 있을까요? 한편, 진호의 친구인 수진이는 케이크를 떨어뜨리고 말았습니다. 수진이는 어떤 기분일까요?

행동과 생각, 그리고 감정이 연관되어 있다는 것을 기억하세요. 자, 파티 장소에 가 봅시다!

활동 7

진정하기

잠시 동안 가만히 앉아서 주위를 한 번 둘러보세요. 그리고 눈을 감아 봅시다. 머릿속에 떠오르는 모든 생각(작거나 이상한 생각이라도)에 주목해 보세요. 여러분은 어떤 생각을 가지고 있나요?

여러분 기분이 안 좋을 때, 머릿속에서 자기 자신에게 무슨 말을 하나요? 기분이 안 좋을 때 하는 생각들을, 아마 기분을 나쁘게 하는 생각들일 거예요. 하지만 연습을 하면, 생각을 바꿀 수 있어요! 머릿속에 떠오른 몇 가지 생각, 단어, 장면들을 그림으로 그려 봅시다. 그중에 즐거운 것이 있나요? 그중에 슬픈 것이 있나요? 또는 그중에 정말 이상한 것이 있나요? 이러한 생각들로 인해 여러분은 어떤 느낌이 들었나요?

다른 사람과 함께 이 활동을 해 봅시다. 그리고 그림을 비교해 봅시다. 여러분과 같은 생각을 가진 사람이 있나요? 먼저, 기분을 나쁘게 하는 생각들을 적고, 이 생각들 때문에 어떠한 감정을 느끼게 되는지 적어 봅시다.

여러분은 할 수 있습니다!

제1장을 통해 강박증에 대해 많이 알게 되었을 것입니다. 먼저, 강박사고와 강박행동에 대해 배웠습니다. 이 두 가지가 어떻게 연관되어 있는지, 그리고 강박증이 어떻게 악순환하는지 배웠습니다. 또한, 강박증이 뇌와 많은 관련이 있다는 것과 어떻게 여러분의 뇌가 '막히는지' 배웠습니다. 일상생활에서의 걱정과 강박증의 차이점에 대해서도 배웠습니다. 약간의 걱정은 실제로 도움이 될 수 있다는 것도 바웠습니다. 그리고 마지막으로, 생각과 감정, 행동이 어떻게 연관되어 있는지도 배웠습니다. 정말 많은 것을 배웠네요. 대단합니다.

다음 장에서는 강박증 탐정이 되는 방법을 배울 것입니다. 무언가를 바꾸기 위해서는, 먼저 그 무언가에 대해서 알아야 합니다. 그러면 대처할 수 있습니다. 강박증을 발견하는 방법을 배울 준비가 되어 있나요? 그럼 함께 시작해 봅시다.

제2장

강박증 탐정이 되는 법

이제 강박증이란 무엇인지 어느 정도 감이 잡혔을 것입니다. 이 강박증이라는 어려움을 어떻게 마주하면 좋을까요? 때때로 강박증 때문에 무언가를 계속 확인해야 할 것만 같거나 손을 계속 다시 씻어야 할 것만 같은 기분이 들 수도 있습니다. '어쩌면'으로 시작하는 걱정이 너무 많을지도 모릅니다. 또는 부모님이나 선생님에게 "진짜 확실한가요?"라고 몇 번이고 물을지도 모릅니다. 강박증 때문에, 여러분은 종종 '답답함'을 느낍니다.

하지만 무서워할 필요는 없습니다. 이제 여러분은 강박증의 전문가가 되어 답답함을 느끼지 않는 방법을 배울 것입니다. 탐정처럼 주위에서 일어나는 일들을 눈치채는 방법을 배울 것입니다. 그리고 어떻게 강박증이 여러분이 즐겁고 재미있는 삶을 사는 것을 방해하는지 알게 될 것입니다. 그리고 제일 중요한 것은, 여러분이 강박증으로부터 맞서는 방법을 배울 것이라는 점입니다. 그럼 준비가 되셨나요, 탐정님?

강박사고란 무엇인가요?

　사람은 누구나 상상력을 가지고 있습니다. 사람의 뇌는 아주 창의적이고 흥미로운 생각을 떠올릴 수 있습니다. 거대한 성이나 마법의 생명체처럼 동화적인 것을 생각할 수도 있고, 이번 여름에 하고 싶은 재미있는 일에 대해 생각할 수도 있습니다. 사람은 매일 수천 가지의 생각이 머릿속에 떠오릅니다.

　그중에는 신나는 생각이 있습니다. 휴가나 친구 생일파티에 갈 생각이 여기 포함됩니다. 또 어떤 생각들은 여러분을 걱정하게 만듭니다. 예를 들어, 무언가 문제가 생기거나 중요한 시험을 보는 것에 대한 생각이 여기 해당합니다. 그리고 어떤 생각은 바보 같기도 하고, 흥미진진하기도 하고, 지루하기도 합니다. 생각은 그 밖에 어떤 것이든 될 수 있습니다. 생각은 너무 많고 다양합니다!

　강박증이 없는 아동은 생각이 오고 가는 데 별 문제가 없습니다. 그러나 강박증을 가진 아동의 뇌는 특정한 생각 때문에 뇌가 '막히게' 됩니다. 이러한 특정한 생각은 체에 걸러지지 않습니다.

　때때로, 뇌는 마음속의 생각과 실제 세상과의 차이를 구별하는 데 어려움을 겪습니다. 그래서 강박증으로 인하여 무섭거나 말이 안 되는 생각을 하게 될 수가 있습니다.

　이런 생각은 자꾸 떠올라 여러분을 계속 괴롭힐 것입니다. 여러분은 이러한 생각을 원하지 않지만, 마음속에서 끝없이 반복될 것입니다. 이러한 생각은 갑자기 튀어나온 것 같습니다. 여러분은 이러한 생각을 하지 않으려고 애쓰며 밀어내려 하지만, 그건 정말 어려운 일입니다. 이러한 생각은 여러분을 그냥 내버려 두지를 않습니다. 이런 종류의 생각을 '강박사고'라고 부릅니다. 강박사고에 시달리는 지원이의 이야기를 읽어 봅시다.

지원이의 이야기

열한 살인 지원이는 강박증이 있습니다. 지원이는 야구 시합을 하러 갈 준비를 하고 있습니다. 오늘은 라이벌 팀인 팔콘과 시합하는 날입니다.

이제 경기장에 도착했습니다. 같은 반 친구이자 가장 친한 친구인 희찬이와 하이파이브를 했습니다. 그런데 지원이는 갑자기 걱정이 됩니다. "만약 내 손이 깨끗하지 않으면 어쩌지? 그래서 희찬이에게 병균이 옮기라도 하면 어쩌지? 그러다가 희찬이가 병이라도 나고 큰일이라도 생기면 어쩌지?" 지원이는 가장 친한 친구에게 나쁜 일이 생길지도 모른다는 생각을 멈출 수가 없습니다. 그리고 희찬이에게 묻고 또 묻습니다. "너 괜찮아?"

지원이는 진정하려고 노력합니다. 하지만 친구가 '오염'되어 병에 걸릴지도 모른다는 무서운 생각이 없어지지를 않습니다. 나쁜 일이 일어날 것이라는 생각이 머릿속에서 지워지지 않습니다.

지원이에게 공감이 돼요

지원이처럼 비슷한 생각을 해 본 경험이 있나요? 강박증이 있으면, 원하지 않는 무섭거나 불편한 생각이 머릿속으로 떠오릅니다. 어떤 아동은 병균이나 병에 대해 걱정합니다. 또 어떤 아동은 무언가를 제대로 하지 못했다는 생각이 들어 걱정합니다. 심지어 강박증은 여러분의 가장 친한 친구에게 안 좋은 일이 생기는 장면을 상상하도록 만듭니다. 아무리 여러분이 원하지 않는다고 하더라도 말이죠.

일상적인 생각과 강박사고를 구분하는 연습을 하는 것은 아주 중요합니다. 기억하세요. 일상적인 생각은 보통 '막히지' 않는 것들입니다. 또한, 대부분 이치에 맞습니다. 예를 들어, 지원이는 오늘이 라이벌 팀인 팔콘과 시합하는 날이라는 것을 기억했습니다. 이것이 일상적인 생각입니다.

강박사고는 여러분이 '막히는' 생각입니다. 그리고 여러분은 이를 원하지 않습니다. 지원이가 가진 강박사고 중 하나는 가장 친한 친구인 희찬이가 '오염'될지도 모른다는 것입니다.

아래 예시들은 일상적인 생각과 강박사고의 차이를 이해하는 데 도움이 될 것입니다.

일상적인 생각	강박사고
'오늘 저녁 메뉴는 뭘까?'	'덜 익은 고기를 먹어서 병에 걸릴지도 몰라.'
'문을 확실히 잠갔어. 잠근 기억이 나.'	'문을 두 번이나 잠갔지만, 만약 안 잠겨져 있으면 어쩌지? 다시 가서 확인해 봐야 해.'
'가위를 쓸 때는 조심해야지.'	'가위를 쓰다가 다른 사람을 다치게 하면 어쩌지?'
'숙제하려면 2단원을 잘 읽어 둬야겠다.'	'숙제하려면 2단원을 완벽하게 숙지해야 해. 안 그러면 안 좋은 일이 생길거야.'
'숙제를 끝냈다.'	'숙제가 끝난 것 같아. 하지만 엄마한테 물어서 내가 숙제를 제대로 끝낸 게 맞는지 계속 확인해 봐야겠어.'
'내가 제일 좋아하는 인형은 프리저라는 펭귄 인형이야.'	'내 인형들은 항상 일정한 순서에 맞춰 정리되어 있어야 해.'
'오늘 아침에 자전거를 탔을 때, 뭔가 혹 같은 걸 밟았는데… 아마 돌멩이였겠지?'	'오늘 아침에 자전거를 탔을 때, 뭔가 혹 같은 걸 밟았는데… 그게 만약에 동물이었으면 어쩌지? 다시 가서 확인해 봐야겠어.'
'강아지를 쓰다듬었으니까 손을 씻어야겠다.'	'강아지를 쓰다듬으면 병균이 옮아서 병에 걸릴지도 몰라.'

활동 8

생각 적어 보기

이번엔 여러분의 차례입니다. 아래에 여러분의 일상적인 생각을 적어 보세요. 기억하세요. 일상적인 생각이란 보통 그렇게 무섭지 않으며, 여러분의 머릿속에 '막히지' 않는 생각입니다. 일반적으로 이러한 일상적인 생각이 머릿속에 있어도 여러분은 괜찮으며, 굳이 없애고 싶다고 생각하지 않습니다. 일상적인 생각은 행복한 것도 있고, 슬프거나 지루한 것 또는 바보 같은 것도 있습니다.

그다음, 여러분의 강박사고를 몇 가지 적어 봅시다. 강박사고는 여러분을 정말 불안하게 만들며, 여러분을 '답답하게' 만드는 생각입니다. 강박사고는 일반적으로 무섭거나 불편합니다. 여러분은 이러한 생각을 전혀 원하지 않으며, 없애고 싶다는 생각이 들기도 합니다.

일상적인 생각	강박사고

여러분이 책임자입니다

무언가를 바꾸려면, 그 무언가에 대해서 아주 자세히 알아야 합니다. 모르는 것은 바꿀 수 없습니다. 그렇기에 여러분은 강박증 탐정이 되어, 자기 자신의 강박증에 대해서 최대한 알아야 할 필요가 있습니다. 여러분은 전문가가 되어야 합니다.

강박증은 사람마다 조금씩 다르게 나타납니다. 어떤 아동은 병균이나 청결에 대해 걱정합니다. 어떤 아동은 자신이 다칠지도 모른다는 걱정 혹은 남을 다치게 할지도 모른다는 걱정을 합니다. 또 어떤 아동은 강박증 때문에 항상 스스로 의심하고, 자기가 무엇을 했는지 안 했는지 확신하지 못합니다. 다시 말하면, 완전히 똑같은 강박증을 가지고 있는 사람들은 없습니다.

여러분의 강박증에 대해 더 알아보는 연습을 하도록 합시다. 강박증은 두 가지 부분으로 나뉜다는 것을 기억하세요. 첫 번째는 계속해서 여러분을 괴롭히는, 여러분이 원하지 않는 '생각'입니다. 이렇게 여러분의 기분을 안 좋게 만드는 생각을 강박사고라고 합니다. 두 번째는 여러분이 기분이 나아지려그 하는 '행동'입니다. 기분이 안 좋아지면, 여러분은 무언가 기분이 나아지기 위한 행동을 합니다. 문제는 이러한 안 좋은 기분이 사라지는 건 잠시뿐이며, 곧 다시 돌아온다는 것입니다. 그래서 여러분은 계속 그 기분이 나아지기 위한 행동을 반복하고 반복해야만 합니다. 이를 강박행동이라고 부릅니다.

우선 첫 번째 부분인 강박사고에 초점을 맞추어, 이에 대해 자세히 알아봅시다.

활동 9

여러분의 강박사고는 무엇인가요?

아래에 여러 가지 강박사고를 나열해 두었습니다. 기억하세요. 강박사고란 갑자기 여러분의 머릿속에 떠오르는 생각이나 장면으로, 아무리 여러분이 생각하지 않으려고 해도 계속 여러분을 괴롭힙니다.

한 문장씩 주의 깊게 읽고, 여러분에게 해당하는 문장에 체크해 보세요. 여기에는 정답이나 오답이 없습니다. 아래 목록에 없는 강박사고를 가지고 있다면, 빈칸에 적어 봅시다.

☐ 나쁜 생각을 멈출 수가 없다.

☐ 어떤 행동을 한 뒤에, 내가 진짜로 그걸 했었는지 확신이 안 선다.

☐ 내가 아끼는 사람에게 나쁜 일이 생길까 봐 걱정된다.

☐ 물건을 버릴 때, 그 물건이 나중에 다시 필요해지지 않을까 걱정된다.

☐ 내가 아주 주의를 기울여 끝낸 일에도, 뭔가 실수가 있었을 것 같다.

☐ 내가 자제력을 잃고 다른 사람을 해치는 나쁜 생각을 하게 된다.

☐ 내가 의도치 않게 다른 사람의 감정을 상하게 했을까 봐 걱정된다.

☐ 내가 자제력을 잃고 나 자신을 해치는 나쁜 생각을 하게 된다.

☐ 확인한 후에도, 숙제를 제대로 하지 않은 것 같아서 걱정된다.

☐ 내가 먹는 음식에 병균이 가득하지는 않을지 걱정된다.

☐ 아무리 공부를 열심히 해도, 시험을 못 보지는 않을지 걱정된다.

☐ 내가 사실은 남몰래 나쁜 사람일까 봐 걱정된다.

☐ 내가 아픈 것은 아닌지 걱정된다.

☐ _____

☐ _____

☐ _____

이번에는 두 번째 부분인 강박행동에 대해 자세히 알아봅시다.

강박행동이란 무엇인가요?

사람들은 누구나 저마다 매일 하는 행동이 있습니다. 이를 닦는다거나, 저녁을 먹는다거나, 밤에 침실 불을 끄는 것처럼 말이지요. 한편, 강박증이 있으면 이러한 일상적인 일들이 매우 어려울 수 있습니다. 강박증이 있는 사람들은 때로는 논리적으로 말이 되지 않는 행동을 해야 한다고 느낄 수 있습니다. 이러한 행동을 *강박행동*이라고 합니다.

다음은 강박행동으로 힘들어하는 아홉 살 연수의 이야기입니다.

연수의 이야기

연수는 아침 7시에 부모님과 남동생과 함께 아침을 먹습니다. 오늘은 연수가 제일 좋아하는 계란이 있습니다. 하지만 식탁에 앉기 전에, 연수는 정확히 세 번 식탁 주위를 돕니다. 그렇게 하지 않으면, 뭔가 나쁜 일이 생길까 걱정이 되기 때문입니다. 연수는 식사 전에 식탁 주위를 돌지 않으면, 왠지 느낌이 좋지 않습니다.

이제 연수는 계란을 크게 한 입 먹습니다. 그리고 부모님에게 물어봅니다. "계란이 확실히 잘 익은 거 맞나요?" 부모님은 대답합니다. "물론이지." 하지만 연수는 여전히 확신하지 못합니다. 그래서 몇 번 더 물어봅니다. "만약에 안 익었으면 어떡하죠? 만약에 내가 병에 걸리면 어떡하죠?"

이번에 연수는 남동생에게 손을 다시 씻으라고 말합니다. 왜냐하면 남동생이 연수의 포크를 건들었을지도 모르기 때문입니다. 남동생의 손에 병균이라도 있으면 어떡하죠?

그리고 연수는 냉장고를 열고, 계란 팩에 써진 유통기한을 혹시 몰라 확인합니다. 만약 유통기한이 하루라도 지났다면, 계란은 상했을 것이고 먹으면 위험하기 때문입니다.

연수에게 공감이 돼요

연수와 비슷한 생각을 해 본 경험이 있나요? 강박증이 있는 사람들은 무언가를 특정한 방법으로 하거나, 물건을 특정 횟수만큼 세거나 또는 괜찮다고 느껴질 때까지 특정한 행위를 해야 한다고 생각합니다. 기억하세요. 이러한 행동들을 강박행동이라고 합니다.

어떤 아동은 자기 방문이 제대로 닫혔는지 몇 번이고 확인합니다. 어떤 아동은 특정한 횟수만큼 무언가를 크게 말합니다. 또 어떤 아동은 이미 답을 알고 있지만, 다른 사람에게 다시 물어 확인합니다. 강박행동의 다른 예로는 물건을 바르게 정리하기, 특정한 말을 하기, 물건을 특정한 방식으로 만지기 등이 있습니다.

이제 습관과 강박행동의 차이점에 대해 배워 봅시다. 습관은 매일 하는 행동으로, 딱히 무섭거나 스트레스를 받았을 때 하는 것은 아닙니다. 예를 들어, 연수는 매일 아침 7시에 가족과 함께 아침을 먹습니다. 이것이 습관입니다.

강박행동은 강박증으로 인하여 여러분이 해야만 한다고 느끼는 행동입니다. 보통 특정한 방식이나 특정한 횟수만큼, 또는 괜찮다고 느껴질 때까지 해야 합니다. 연수의 강박행동 중 하나는 식탁에 앉기 전에 식탁 주위를 세 번 도는 것이었습니다.

아래 예시들은 습관과 강박행동의 차이를 이해하는 데 도움이 될 것입니다.

습관	강박행동
손을 10초 동안 씻고, '이제 손은 깨끗해.'라고 생각하는 것	'아직도 손이 더러우면 어떡하지?'라고 생각하면서 10분 동안 손을 씻는 것
선생님께 숙제를 언제까지 해야 하는지 묻는 것	선생님께 내일까지 내야 할 숙제가 없는 게 확실한지 계속 물어보는 것
밤에 현관문을 잠그는 것	현관문을 잠갔다 열었다 20번 반복하는 것
밤에 자기 위해 침대로 가는 것	침대에 가면서 발걸음을 세고, 뭔가 잘못되면 다시 발걸음을 세는 것
부모님께 자기 전에 인사를 드리는 것	부모님께 자기 전에 인사를 드리는 동안, 특정한 규칙이 지켜지지 않으면 짜증을 내는 것
아침에 옷을 차려입는 것	특정한 옷을 '제대로' 입었다고 느낄 때까지 입었다 벗었다 반복하는 것

활동 10

습관 vs. 강박행동

아래에 여러분의 습관을 적어 봅시다. 습관은 보통 매일 하는 행동으로, 별로 무섭지도 않으며 '답답'하거나 '막히지' 않습니다.

그다음, 여러분의 강박행동을 적어 봅시다. 강박행동은 걱정이나 나쁜 감정을 없애려고 여러분이 하는 말이나 행동입니다.

기억하세요. 모든 사람의 강박증은 서로 다릅니다. 여러분을 내버려 두지 않는 생각들이 있다는 것을 배웠습니다. 이번에는 이러한 생각을 없애고 기분이 나아지기 위해 여러분이 해야만 한다고 느끼는 행동은 무엇인지 알아볼 것입니다. 어떤 아동들은 계속 씻고 또 씻습니다. 어떤 아동들은 단어나 숫자를 계속 반복하여 말합니다. 또는, 어떤 아동들은 물건을 특정한 방식으로 두드리거나 만지기도 합니다.

습관	강박행동

활동 11

여러분의 강박행동은 무엇인가요?

아래에 여러 가지 강박행동을 나열해 두었습니다. 기억하세요. 강박행동이란 특정한 방법이나 특정한 횟수 동안, 혹은 '제대로' 되었다고 느낄 때까지 여러분이 하는 말이나 행동입니다. 여러분은 나쁘고 무서운 생각을 머릿속에서 밀어내고, 걱정을 덜기 위해 강박행동을 합니다.

한 문장씩 주의 깊게 읽고, 여러분에게 해당하는 문장에 체크해 보세요. 여기에는 정답이나 오답이 없습니다. 아래 목록 외에 여러분이 반복하는 말이나 행동이 있다면, 빈칸에 적어 봅시다.

☐ 필요 없는 물건도 버리지 않고 계속 가지고 있다.

☐ 손을 자주 씻어야 한다는 생각이 든다.

☐ 손이 더럽다는 생각이 들면, 세정제를 자주 사용한다.

☐ 숙제를 계속 확인한다.

☐ 이미 답을 알고 있어도, 다른 사람에게 물어본다.

☐ 특정한 물건의 개수를 세어야 한다.

☐ 특정한 단어를 계속 반복하여 말한다.

☐ 물건을 특정한 방식으로 정돈한다.

☐ 물건을 특정한 횟수 동안 두드린다.

☐ '제대로' 되었다고 느낄 때까지 반복해야 하는 것이 있다.

☐ 같은 질문을 계속 반복해서 물어본다.

☐ 아무리 부서져도, 장난감을 버리지 않고 가지고 있다.

☐ 나쁜 생각이 들면, 어떤 특정한 단어를 계속 반복하여 말해야 한다.

☐ 책가방은 매일 같은 방식으로 싸야만 한다.

☐ 물건을 치운 다음, 그게 확실히 없는지 계속 다시 확인한다.

☐ 문이나 창문이 닫혔다는 것을 알고 있어도, 계속 다시 확인한다.

☐ 내가 저지른 아주 작은 잘못이라도, 부모님께 말씀드린다.

☐ 어렵고 특정한 방법으로 걸어야 한다.

☐ _____

☐ _____

☐ _____

대처해 봅시다

이제 여러분의 강박증에 대해서 더 잘 알게 되었으므로, 대처할 수 있습니다. 강박증에 맞서는 데는 여러 가지 방법이 있습니다. 다음 섹션에서는, 세 가지 도구를 배울 것입니다.

첫 번째 도구는 '생각 바꾸기'입니다. 안타깝지만, 사람은 자기가 다른 감정을 느끼고 싶다고 해서, 다른 감정을 선택해서 느낄 수는 없습니다. 사람이 할 수 있는 것은 생각을 바꾸는 것입니다. 사람은 때때로 아주 화가 나기도 하고 매우 긴장하기도 합니다. 이는 도움이 되지 않는, 균형이 잡히지 않은 방식으로 생각하고 있기 때문입니다. '생각 바꾸기' 도구를 통해 건강하고 균형 잡힌 사고방식을 배워 봅시다.

두 번째 도구는 '관찰자'입니다. 이 도구를 통하여, 여러분은 무서운 생각이나 여러분을 괴롭히는 생각을 관찰할 것입니다. 이러한 생각을 밀어내지 말고, 그저 알아채기만 하세요. 여러분의 머릿속에서 나가라고 말할 필요도 없습니다. 그저 관찰하세요. 이를 통해, 여러분은 강박사고로부터 힘을 빼앗을 수 있습니다.

세 번째 도구는 '시험해 보기'입니다. 강박증이 있는 사람들은 무서운 생각을 떨쳐 내려면 무언가를 계속 반복해야만 한다고 생각하는 경우가 많습니다. '시험해 보기'에서는 그게 정말 진실인지 알아볼 것입니다. 나쁜 생각을 쫓아내기 위해 여러분이 평소에 하던 말이나 행동을 하지 말고 멈추려고 해 보세요. 천천히 여러분이 느끼는 공포와 마주함으로써, 여러분의 강박사고가 틀렸다는 것을 스스로 증명하게 될 것입니다.

이 도구들을 사용하는 방법을 배우면서, 여러분이 생각하는 방식과 느끼는 방식, 그리고 행동하는 방식은 모두 연결되어 있다는 사실을 명심하세요. 또한, 강박사고는 보통 생각이며, 강박행동은 보통 행동이라는 것도 기억하세요. 강박사고와 강박행동은 모두 여러분의 감정에 큰 영향을 줍니다.

이 도구들을 사용하는 방법을 배우고, 강박증에 맞설 준비가 되었나요? 그럼 시작해 봅시다.

도구 1: '생각 바꾸기'

사람은 자기가 다른 감정을 느끼고 싶다고 해서, 다른 감정을 선택해서 느낄 수는 없습니다. 예를 들어, 어떤 사람이 현재 불안함을 느끼고 있다고 해 봅시다. 이 사람이 자기가 불안함 대신 행복함을 느끼고 싶다고 생각한다고 해서, 그렇게 되는 것은 아닙니다. 만약에 그렇게 된다면 정말 좋겠죠?

하지만 다행인 것은 사람은 자기가 무엇을 생각할지는 선택할 수 있다는 것입니다.

'생각 바꾸기' 도구를 사용하여, 더욱 건강하고 균형 잡힌 사고방식으로 여러분의 생각을 바꿈으로써, 결과적으로 여러분의 감정을 바꾸는 데 도움을 줄 수 있습니다. 만약 여러분이 무언가에 대해 불안감을 느끼고 있다면, 돌아가서 여러분이 어떻게 생각하고 있는지 한번 확인해 보세요. 여러분은 충분히 생각하고 있나요? 사실은 무엇인가요? 그 근거에는 무엇이 있나요? 여러분이 걱정하는 그 일이 실제로 일어날 확률은 얼마나 되나요? 그리고 만약 그 일이 일어난다고 해도, 그게 실제로 얼마나 나쁠까요?

'생각 바꾸기' 도구를 간단하게 정리하자면 이렇습니다. '내 생각은 내가 아니야. 그리고 생각은 바꿀 수 있어.'라고 생각하는 것입니다.

'생각 바꾸기' 도구를 사용하는 윤호의 이야기를 읽어 봅시다.

윤호의 이야기

아홉 살인 윤호는 강박증이 있습니다. 윤호가 잠을 잘 준비를 하자, 집에서 기르는 작은 강아지 뽀삐가 윤호와 함께 자기 위해 침대로 뛰어듭니다. 윤호는 만약 뽀삐를 쓰다듬으면, 뽀삐에게 있는 병균이 옮아서 병에 걸릴 것 같다는 생각이 들어 걱정이 됩니다. 뽀삐는 윤호를 핥기 시작했고, 그 즉시 윤호는 불안감을 느끼기 시작합니다. 윤호는 무서운 생각이 들기 시작합니다. '뽀삐의 침이 나한테 실수로 묻으면 어쩌지? 으!! 그리고 그 침이 내 입안으로 들어오면?? 그러면 병에 걸리는 거 아니야? 그건 진짜 싫어!!'

윤호는 몇 번 심호흡을 하고 다시 생각합니다. "지금까지 몇 달 동안이나 강아지와 매일 함께 침대에서 잤지만, 한 번도 아팠던 적은 없었어. 그리고 침이 묻으면 좀 어때? 조금 더러울 수도 있지만 뭐 그렇게 나쁜 건 아니잖아? 그리고 강아지 때문에 병에 걸릴 확률은 거의 없어. 하지만 만약에 병에 걸린다고 해도, 그게 정말 엄청나게 끔찍한 일인 것만도 아니야. 예전에도 병에 걸린 적이 있었어. 확실히 그게 뭐 좋은 건 아니지. 하지만 항상 다 나았는걸."

마음을 진정시키고 생각해 보니, 윤호는 병에 걸릴지도 모른다는 무서운 생각을 멈출 수가 있었습니다.

윤호에게 공감이 돼요

    윤호와 같은 생각을 해 본 경험이 있나요? 윤호는 강박증 때문에 병에 걸릴지도 모른다는 걱정이 생겼음에도 불구하고, 자기 생각에 이의를 제기할 수 있었습니다. 윤호는 자기가 두려워하는 것(강아지의 침에 닿으면 병에 걸릴지도 모른다는 것)에 대해 열심히 생각했습니다. 그리고 만약 진짜 그렇게 된다고 해도, 그게 엄청나게 끔찍한 일은 아니라는 것을 알았습니다. 윤호는 균형 잡힌 생각을 할 수 있었고, 그 결과 불안감을 덜 수 있었습니다.

    '생각 바꾸기' 도구를 이용할 때는, 여러분은 마치 탐정처럼 근거와 사실을 보게 될 것입니다. 그리고 그 근거들을 가지고 생각을 바꾸어 갈 것입니다.

활동 12

'생각 바꾸기' 도구를 사용해 봅시다

여러분의 머릿속에 종종 떠오르는 생각 중, 여러분이 별로 좋아하지 않는 생각이 있나요? 그 생각들을 아래 적어 봅시다. 그다음, 이런 생각들로 인하여 어떤 감정이 드는지 적어 봅시다.

여러분의 생각과 감정을 적은 후에, 아래에 있는 질문에 스스로 답하면서, 여러분이 적은 생각에 이의를 제기해 봅시다.

- 그 일이 일어날 것이라고 100퍼센트 확신할 수 있나요?

- 어떻게 미래에 일어날 일을 알 수 있죠? 여러분은 예언가인가요?

- 여러분의 생각을 다른 시각에서 보는 방법으로는 무엇이 있을까요?

■ 그 일에 관하여 벌어질 수 있는 최악의 상황은 무엇일까요? 그건 얼마나 힘들까요? 여러분은 그걸 극복할 수 있을까요?

여러분의 감정에 뭔가 변화가 생겼나요? 균형 잡힌 생각을 할수록, 기분이 나아질 것입니다!

도구 2: '관찰자'

잠깐 게임을 해 봅시다. 앞으로 30초 동안, 수영복을 입은 하마에 대한 생각을 하지 않는 게임입니다. 30초 동안 여러분이 무엇을 하든 간에, 수영복을 입은 하마에 대한 생각만큼은 하지 않도록 노력해 주세요. 수영복을 입은 하마에 대한 생각 이외에는 그 어떤 생각이라도 해도 괜찮습니다.

준비됐나요? 그럼 시작해 봅시다.

얼마나 버틸 수 있었나요? 1초? 아니면 3초? 수영복을 입은 하마 게임에서 우리가 배울 수 있는 교훈은 우리 자신에게 어떤 것에 대해서 생각하지 말라고 해 봤자 상황을 더욱 악화시킬 뿐이라는 것입니다.

강박증에 맞서기 위해 여러분이 배울 다른 도구는 '관찰자'입니다. 이 도구를 통하여, 여러분은 자기 생각을 그저 알아차리기만 할 것입니다. 자기 생각이 이렇다 저렇다 판단하지 않고 말이지요. 이건 하늘에 있는 구름을 쳐다볼 때와 마찬가지입니다. 사람들은 고개를 들어 구름을 쳐다봅니다. 구름은 천천히 움직이며 떠나갑니다. 사람들은 구름을 보며 이건 여기에 있어서는 안 된다거나 하며 판단을 내리지 않습니다. 그저 관찰할 뿐입니다.

자기 강박사고를 알아채고 관찰하는 데 도움이 되는 방법은 말을 덧붙여 보는 것입니다. "나는 …라는 생각을 하고 있어." 또는 "강박증이 나에게 …하라고 하고 있어."와 같이 덧붙여 보세요.

예를 들어, 강박증은 여러분이 이렇게 생각하게 만들지도 모릅니다. '손을 제대로 씻지 않으면 병에 걸릴지도 몰라.' 이런 생각은 여러분을 꽤 불안하게 만들 것입니다. 이때 여러분은 '나는 손을 제대로 씻지 않으면 병에 걸릴지도 모른다는 생각을 하고 있어.'라고 생각해 볼 수 있습니다. 아니면, '강박증이 손을 제대로 씻지 않으면 병에 걸릴지도 모른다고 말하고 있어.'라고 생각해 볼 수도 있습니다.

이렇게 여러분의 생각을 다른 방식으로 표현하면 불안감을 줄일 수 있습니다. 이렇게 말을 덧붙임으로써, 여러분은 그것은 단지 강박적 사고(강박증으로 인한 생각)일 뿐이며, 현실이 아니라는 것을 스스로 깨닫는 것입니다.

'관찰자' 도구를 간단하게 정리하자면 이렇습니다. 생각은 단지 생각일 뿐입니다. 생각은 사실이 아닙니다. 생각은 단순히 여러분의 머리에 떠오르는 것일 뿐입니다.

이제 '관찰자' 도구를 사용하는 지수의 이야기를 읽어 봅시다.

지수의 이야기

지수는 강박증이 있는 7살 아동입니다. 편안한 일요일 오후의 일입니다. 지수는 수현이와 보드게임을 하고 있습니다. 수현이는 지수의 언니로, 지수가 아주 좋아하는 사람입니다. 지수는 때때로 강박증 때문에 갑자기 무서운 생각들이 떠오르곤 합니다. 이렇게 무서운 생각이 들 때면, 지수는 가끔 자기가 생각하는 것을 정확하게 다른 사람에게 전달해야만 한다는 생각이 듭니다. 그렇게 하지 않으면, 지수는 불편하고 불안하며 죄책감을 느낍니다.

갑자기 지수는 두려움을 느낍니다. 내일 언니가 학교에 가는 길에 다칠 거라는 무서운 생각이 들었기 때문입니다. 지수는 이런 생각을 떨쳐 낼 수 없는 것 같습니다. 지수는 자기가 하는 생각을 언니에게 알려야 한다는 강한 충동을 느낍니다.

하지만 지수는 강박증에 굴하는 대신, 스스로 이렇게 생각합니다. '나는 내일 언니가 다칠 거라는 생각을 하고 있어. 이건 강박증이 주는 생각이야. 내가 언니가 다칠 거라는 생각을 한다고 해서, 진짜로 언니가 다치는 것은 아니야. 이건 그냥 생각일 뿐이야. 생각은 하루 종일 하는 거고, 이건 그중에 하나일 뿐이야. 나는 이걸 견딜 수 있어.'

지수는 보드게임에 집중합니다. 그 무서운 생각이 다시 머릿속에 스멀스멀 떠오르면, 지수는 이를 알아차립니다. 지수는 그 생각을 내쫓으려 하지 않습니다. 또한, '나는 언니가 다치는 걸 원하지 않아.'라고 말하지도 않습니다. 지수는 그저 그 생각을 관찰합니다. 지수는 심지어 '안녕! 또 왔네.'라고 생각하기까지도 합니다. 지수는 다시 보드게임이 집중하고, 그 생각은 점점 더 덜 무서워지기 시작합니다. 지수는 자기 자신에게 "그건 그냥 생각이야."라고 계속 말합니다.

지수에게 공감이 돼요

지수와 비슷한 생각을 해 본 경험이 있나요? 지수는 강박증으로 인하여 언니에게 자신이 생각하는 것을 말해야 한다고 느꼈지만, 그렇게 하지 않고 그저 기다리며 생각을 관찰하기로 결심했습니다. 언니에게 나쁜 일이 일어날지도 모른다는 생각이 아무리 무섭더라도, 지수는 자기 자신에게 이는 그냥 생각일 뿐이라고 계속 말했습니다. 생각은 단지 생각일 뿐입니다. 생각은 여러분을 해칠 힘을 가지고 있지 않습니다.

'관찰자' 도구를 사용하면, 여러분의 생각이 이렇다 저렇다 판단할 필요가 없습니다. 여러분은 그저 생각을 관찰할 뿐입니다.

활동 13

'관찰자' 도구를 사용해 봅시다

여러분의 머릿속에 종종 떠오르는 생각 중, 머릿속에서 밀어 낼 수 없는 것들을 생각해 보세요. 그 생각들을 아래 빈칸에 써 봅시다. 그다음, 여러분이 쓴 문장을 하나씩 읽어 봅시다. 여러분이 쓴 것들이 단지 생각일 뿐이라는 것을 확실히 기억하고 나니, 그 생각들이 처음과는 다르게 느껴지나요?

여러분이 쓴 문장을 다시 한번 더 읽어 봅시다. 강박적 사고는 단지 생각일 뿐, 사실이 아니라는 것을 확실히 기억할수록, 강박적 사고는 점점 힘을 잃을 것입니다.

"나는 _____ 라는 생각을 하고 있어."

"나는 _____ 라는 생각을 하고 있어."

"나는 _____ 라는 생각을 하고 있어."

"나는 _____ 라는 생각을 하고 있어."

"나는 _____ 라는 생각을 하고 있어."

"나는 _____ 라는 생각을 하고 있어."

도구 3: '시험해 보기'

강박증에 맞서기 위한 또 하나의 도구는 '시험해 보기'라는 도구입니다. 앞서 배운 두 가지 도구가 여러분의 생각에 초점을 맞추었다면, 이번에 배울 도구는 여러분의 행동에 초점을 맞출 것입니다.

강박증이 있는 사람들은 불안을 없애려면 무언가를 세거나, 확인하거나 또는 계속 반복할 수밖에 없다고 생각합니다. 하지만 이게 정말 사실일까요? 여러분은 '시험해 보기' 도구를 통해, 강박증에 대해 실험을 해 보며 이게 정말 사실인지 알아볼 것입니다.

우선, 강박증으로 인해 무서운 생각이 들 때가 있을 것입니다. 이제, 여러분이 평소에 이러한 무서운 생각을 떨쳐 내려고 하는 행동을 하지 않으려고 아주 최대한 노력해 보세요. 다시 말해, 무언가를 세거나 톡톡 두드리는 것처럼 반복적인 행동을 하지 않으려고 노력해 보세요. 여러분이 이러한 행동을 하지 않으면 어떤 일이 일어날까요? 정말 무서운 상상이 현실이 될까요? 아니면 별일이 일어나지 않을까요?

'시험해 보기' 도구를 통하여, 여러분은 천천히 내면의 공포와 마주하며, 여러분의 강박적 사고가 틀렸다는 것을 알게 될 것입니다. 그리고 이 강박증 실험은 여러분이 강박행동에 굴하지 않더라도, 그 어떤 나쁜 일도 일어나지 않는다는 사실을 증명할 것입니다.

'시험해 보기' 도구를 간단하게 정리하자면 이렇습니다. '시험해 보기' 도구는 실험을 통해 강박적 사고가 틀렸다는 것을 증명합니다. 강박적 사고에 굴하지 않더라도, 그 어떤 나쁜 일도 일어나지 않습니다.

이제 '시험해 보기' 도구를 사용하는 유진이의 이야기를 읽어 봅시다.

유진이의 이야기

열 살인 유진이는 강박증이 있습니다. 숙제를 할 때의 일입니다. 유진이는 강박증 때문에, 자기 이름을 어떤 특정한 방법으로 써야만 한다고 느낍니다. 만약에 그렇지 않으면, 유진이는 자기가 제대로 썼다고 느낄 때까지 몇 번이고 다시 지웠다가 썼다가를 반복해야만 합니다. 가끔, 이름 쓰는 데만 15분이나 걸리기도 합니다. 정말 괴롭습니다.

이번에 유진이는 평소와 다르게 행동하기로 했습니다. 다시 지웠다가 썼다가를 반복하지 않았을 때, 어떤 일이 생기는지 확인하려고 합니다. 그래서, 이번에는 자기 이름을 일부러 이상하게 써 보았습니다. 빈 종이에 유진이는 자기 이름을 다양한 방법으로 써 보려고 합니다. 먼저, 이름을 비뚤게 써 보았습니다. 그러자 유진이는 불안해지기 시작했습니다. 지우개를 쥐고 이 비뚤어진 이름을 지우고 싶다는 충동이 들었습니다. 유진이는 연필을 내려놓고, 불안한 마음으로 앉아 있습니다.

이름을 쓰고 난 직후에는 정말로 힘듭니다. 유진이는 당장이라도 연필을 집어 들어 자기 이름을 '제대로' 쓰고 싶습니다. 유진이는 계속 자기 이름을 쳐다보며, 얼마나 삐뚤어졌는지 생각하고 있습니다. 하지만 조금 시간이 지나자, 유진이는 불안감이 꽤 가셨다는 것을 느꼈습니다.

자신감이 생긴 유진이는 이제 이렇게 생각합니다. '음, 내 이름을 더 이상하게 써 보면 어떻게 될까?' 그리고 연필을 들어 다시 자기 이름을 써 봅니다. 이번에는 성은 작게, 이름은 크게 써 보았습니다. 이름을 쓰고 난 직후, 유진이는 정말로 정말로 마음이 불편합니다. 하지만, 이름을 다시 쓰고 싶은 충동이 곧 약해져 갑니다. 그리고 불안감도 조금씩 사라지고 있습니다.

유진이에게 공감이 돼요

　유진이와 비슷한 생각을 해 본 경험이 있나요? 유진이는 강박증으로 인해 자기 이름을 제대로 쓸 때까지 계속 다시 써야만 한다고 느꼈지만, 일부러 그 반대의 행동을 했습니다. 재미있는 점은 유진이는 이름을 쓰고 난 직후에는 불편하고 참기 힘들어했지만, 결국 시간이 흐름에 따라 자기 이름을 지우고 다시 쓰고 싶은 충동은 점차 줄어들었다는 것입니다.

　'시험해 보기' 도구가 있으면 여러분도 강박증에 굴하지 않을 수 있습니다. 여러분은 강박증을 극복할 수 있습니다.

활동 14

'시험해 보기' 도구를 사용해 봅시다

강박증 때문에 여러분이 하기 어렵거나 무서운 것을 생각해 보세요. 그런 것들을 적어도 다섯 가지 이상 아래에 적어 보세요. 그다음, 여러분이 적은 것들이 얼마나 하기 어렵거나 무서운지 1부터 10까지 단계를 나누어 봅시다. "1"은 전혀 어렵거나 무섭지 않음이며, "10"은 아주 어렵거나 무서움입니다. "5"는 그 중간입니다.

여러분이 하기 쉽거나 무섭지 않은 것(1-3단계), 꽤 어렵거나 무서운 것(4-7단계), 그리고 아주 어렵거나 무서운 것(8-10단계)에는 각각 어떤 것들이 있는지 생각해 보세요. 아직은 '시험해 보기' 도구를 사용하지 않을 것입니다. 우선 여러분의 강박증에 대해서 조금 더 알아보는 것부터 시작해 봅시다. 아래의 예시처럼 여러분의 '시험해 보기' 목록을 만들어 봅시다.

- 냉장고를 만진 다음, 바로 손을 씻지 않기: 6

- 내가 가진 인형들을 일부러 순서를 엉망으로 두기: 3

- 문을 딱 한 번만 잠그고 떠나기: 8

다른 사람들에게 강박증에 대해 얘기해도 괜찮아요

친구나 가족, 혹은 선생님에게 여러분의 강박증에 대해 얘기해도 괜찮습니다! 다른 사람들에게 말할지 말지를 정하는 것은 여러분의 마음입니다. 여러분이 어느 쪽을 선택한다고 하더라도, 부끄러워할 필요도 없으며, 죄책감을 가질 필요도 없습니다. 또한, 강박증을 가지고 있다고 해서 여러분이 잘못된 것이 아니라는 것도 기억하세요.

예를 들어, 여러분이 수학 수업 중이라고 해 봅시다. 여러분은 3 × 9 는 27이라는 것을 알고 있습니다. 하지만 강박증이 있으면, 혹시 답이 틀릴지도 모른다는 생각을 하게 됩니다. 그리고 27이라는 숫자가 써진 방식이 왠지 마음이 들지 않습니다. 그래서 여러분은 계속 지웠다가 다시 썼다가를 반복합니다. 이때 만약 선생님이나 반 친구가 지금 뭐 하는 거냐고 묻는다면, 여러분은 이렇게 대답할 수 있습니다.

"난 강박증이 있어서 뭔가에 집착하게 될 때가 있어. 강박증은 갑자기 내 머리에 어떤 생각이 떠오르게 하고, 그 생각을 멈추지 못하게 해서 나를 정말 힘들게 해. 이런 생각을 없애고 기분이 나아지려면, 난 무언가를 특정한 방식이나 특정한 횟수만큼 해야 해. 아니면 제대로 되었다는 생각이 들 때까지 뭔가를 세거나 확인하거나 반복해야 해. 나도 정말로 답답해. 하지만 이겨 보려고 지금 열심히 노력 중이야."

가끔 어떤 사람들은 강박증이 단순히 깨끗하거나 정돈된 것을 좋아하는 것이라고 생각합니다. 그리고 이렇게 말하기도 합니다. "나도 깨끗한 거 좋아하는데! 나도 강박증이야!" 이런 반응은 여러분을 답답하게 만들지도 모릅니다. 이럴 때는 상대방에게 강박증이란 무엇인지 알려줄 수 있습니다. 예를 들어, 여러분은 이렇게 대답할 수 있습니다.

"강박증은 단순히 깨끗한 걸 좋아하는 것을 말하는 게 아니야. 강박증이 있는 사람도 더러울 수도 있어. 강박증은 나를 답답하게 만들어. <u>마치 어딘가에 갇혀서 계속 똑같은 걸 계속 반복해야 하는 느낌이야.</u> 나도 진짜로 그만하고 싶어. 그런데 그게 그렇게 쉽게 안 돼."

여러분은 잘하고 있어요!

　대단합니다! 여러분은 이번 장에서 강박증 탐정이 되는 방법을 배웠습니다. 그리고 사람마다 모두 다른 강박증을 가지고 있다는 것을 배웠습니다. 여러분을 가만히 내버려 두지 않는 생각이 무엇인지 알아보았고, 일상적인 생각과 강박사고를 구분하는 방법을 배웠습니다. 또한, 여러분이 계속 반복해야 한다고 느끼는 말이나 행동이 무엇인지도 알아보았으며, 습관과 강박행동을 구분하는 방법도 배웠습니다. 생각과 감정, 행동이 어떻게 연관되어 있는지도 다시 복습해 보았습니다. 마지막으로, 여러분이 강박증에 맞서는 데 도움이 되는 세 가지 도구를 배웠습니다.

　다음 장에서는 '생각 바꾸기', '관찰자', '시험해 보기' 도구를 사용하는 연습을 해볼 것입니다. 여러분은 잘하고 있어요! 계속해 봅시다!

제3장

강박증에 맞서기

이제 여러분은 진정한 강박증 전문가가 되어 가고 있습니다! 그리고 여러분은 자기 생각과 감정, 그리고 행동에 대해 아주 많은 것을 알았습니다. 제 2장에서는 여러분이 강박증에 맞서는 데 도움이 될 만한 몇 가지 도구에 대하여 배웠습니다. 이번 장에서는 이 도구들을 실제로 사용해 볼 것입니다.

이 도구들은 많은 연습이 필요하다는 것을 기억하세요. 테니스 레슨을 고작 한 번 받았다고 해서 훌륭한 테니스 선수가 될 수 없는 것처럼, 이 도구들을 한두 번 연습한다고 해서 여러분의 강박증이 100 퍼센트 나아지는 것은 아닙니다. 여러분은 할 수 있습니다. 그리고 여러분의 노력은 보상받을 것입니다.

이번 장의 몇몇 활동은 처음에는 정말 어렵거나 두렵게 느껴질 수도 있습니다. 하지만 여러분이 연습할수록, 점점 더 쉬워질 것입니다. 또한, 부모님이나 보호자의 도움을 받아도 좋습니다. 이제 여러분은 강박증보다 여러분이 더 강하다는 것을 알게 될 것입니다. 그리고 점점 더 발전하는 여러분의 모습을 보게 될 것입니다. 그 결과, 예전에 여러분이 어렵다고 생각했던 것들이 쉬워지는 것을 보게 될 것입니다. 지금은 강박증이 모든 힘을 가지고 있는 것처럼 느껴질 것입니다. 하지만, 힘을 가지고 있는 것은 여러분이라는 사실을 기억하세요. 여러분은 자신의 강박증을 마주할 만큼 충분히 용감합니다. 여러분은 할 수 있습니다.

사다리를 만들자

힘든 일이 있을 때, 때로는 제일 쉬운 일부터 시작하며 차근차근 다음 단계로 가는 것이 최선의 방법이기도 합니다.

예를 들어, 여러분이 피아노를 배우고 싶다고 해 봅시다. 매우 어려운 곡을 연주하는 방법을 배우기 전에, 먼저 기초적인 것을 배워야 할 것입니다. 우선, 검은 건반과 흰 건반이 의미하는 것이 무엇인지부터 알아야겠지요. 모두 합쳐서 여든여덟 개나 된답니다!

그다음에는 아마 도, 레, 미, 파, 솔, 라, 시, 도와 같은 계이름을 익혀야 할 것입니다. 그리고 한 번에 여러 건반을 누르는 연습도 하겠지요. 그러고 나서 양손으로 치는 방법을 배울 것입니다. 그러다 보면 어느 순간 여러분은 곡을 칠 수 있게 될 것입니다. 정말 멋져요!

여러분이 피아노를 제법 칠 수 있게 된 다음에, 여러분이 초보자 시절 배웠던 아주 기본적인 것들을 다시 보면 어떨까요? 처음 보았을 때보다 아주 쉽게 느껴질 것입니다. 어쩌면 처음 보았을 때는 정말 어려워 보이고 불가능하다고 생각했을지도 모릅니다. 하지만 정말 어렵고 불가능해 보였던 것이 나중에는 간단하게 느껴집니다!

강박증도 이와 마찬가지입니다. 천천히 피아노를 배우듯, 강박증도 천천히 마주해 봅시다. 여러분에게 맞는 속도로 마주해 보세요.

그러면 중요한 일부터 먼저 해 봅시다. 강박증으로 인해 여러분이 무섭거나 답답하고 느끼는 일들을 모두 적어 볼 것입니다. 아래에 있는 진아의 이야기를 읽어 봅시다.

진아의 이야기

열한 살인 진아는 강박증이 있습니다. 진아는 깨끗하게 있어야 한다는 생각을 많이 합니다. 진아는 부모님이 '병균투성이'이기 때문에, 부모님과 포옹을 하지 않습니다. 또한, 소파에서 강아지가 앉았던 곳에는 앉지 않습니다. 왜냐하면, 강아지도 '병균투성이'이기 때문입니다. 물론, 손잡이나 서랍, 엘리베이터 버튼, 자동차 문도 만지지 않습니다. 진아는 다른 사람들이 만진 것은 만지지 않습니다. 그리고 집에서도 절대로 맨발로 걷지 않습니다. 발에 먼지 같은 것이 묻으면 병에 걸릴지도 모르기 때문입니다.

진아는 '혹시 모르기' 때문에 항상 손 청결제를 가지고 다닙니다. 진아는 아주 긴 시간동안 샤워를 하며, 아주 아주 많은 양의 비누를 사용합니다. 일단 진아는 비누로 먼저 씻고, 그 다음에 샴푸를 써야만 합니다. 꼭 이 순서여야만 합니다. 또한, 진아는 여러 장의 수건으로 몸을 닦습니다. 이때도 특정한 순서대로 '제대로' 될 때까지 해야 합니다. 혹시라도 수건이 화장실 바닥에 떨어지면, 진아는 새 수건을 꺼내서 처음부터 다시 시작해야 합니다.

진아의 사다리

진아와 비슷한 생각을 해 본 경험이 있나요? 진아는 강박증 때문에 자신이 만지는 거의 모든 것들에 병균이 있다고 생각합니다. 그리고 이 병균을 만지면 정말 안 좋을 것이라고 생각합니다. 그래서 진아는 병균을 만지지 않기 위해, 여러 가지로 자신을 '보호'하고 있습니다. 진아는 얼마나 힘들까요!

강박증에 맞서려면, 우선 진아는 자신이 '병균투성이'가되지 않기 위해 해서는 안 된다고 느끼는 행동을 모두 적어 보아야 합니다.

진아가 강박증으로 인하여 해서는 안 된다고 느끼는 행동은 다음과 같습니다.

- 맨발로 거실을 3분간 걷는 것
- 수건 하나만 사용하여 몸을 닦는 것
- 30초 동안만 머리를 빗는 것
- 친구를 초대하고 거실에 맨발로 10분간 있는 것
- 한 손가락으로 엘리베이터 버튼을 누르는 것
- 왼손으로만 개를 만지는 것
- 바닥에 떨어진 수건으로 몸을 닦는 것
- 개가 내 오른손을 핥도록 내버려 두는 것
- 오른손으로 자동차 문을 연 다음, 엄마를 만지는 것
- 딱 10분 동안만 샤워하는 것

이러한 행동들은 다른 사람들에게는 별것이 아닌 것처럼 느껴질지도 모르겠으나, 진아에게는 너무나도 힘들게 느껴집니다. 또 이 중에서 어떤 행동은 진아에게 그나마 쉽게 느껴지지만, 또 어떤 행동은 아주 어렵게 느껴집니다. 이제, 진아는 자신만의 강박증 사다리를 만들어 볼 것입니다.

진아는 강박증으로 인해서 무섭고 어렵게 느껴지는 이 행동들을 보면서, 각 행동이 얼마나 무서운지 생각합니다. 사다리의 제일 아래 칸에는 이 중에서 제일 쉬워 보이고, 그렇게 무섭지도 않은 것을 적습니다. 그리고 사다리의 제일 위 칸에는 이 중에서 가장 어려우며, 정말로 정말로 무서운 것을 적습니다. 그리고 사다리의 중간에는 그렇게 쉽지도 않지만, 그렇게 어렵지도 않은 것을 적습니다.

1. 개가 내 오른손을 핥도록 내버려 두는 것

2. 오른손으로 자동차 문을 연 다음, 엄마를 만지는 것

3. 바닥에 떨어진 수건으로 몸을 닦는 것

4. 수건 하나만 사용하여 몸을 닦는 것

5. 딱 10분 동안만 샤워하는 것

6. 친구를 초대하고 거실에 맨발로 10분간 있는 것

7. 맨발로 거실을 3분간 걷는 것

8. 30초 동안만 머리를 빗는 것

9. 한 손가락으로 엘리베이터 버튼을 누르는 것

10. 왼손으로만 개를 만지는 것

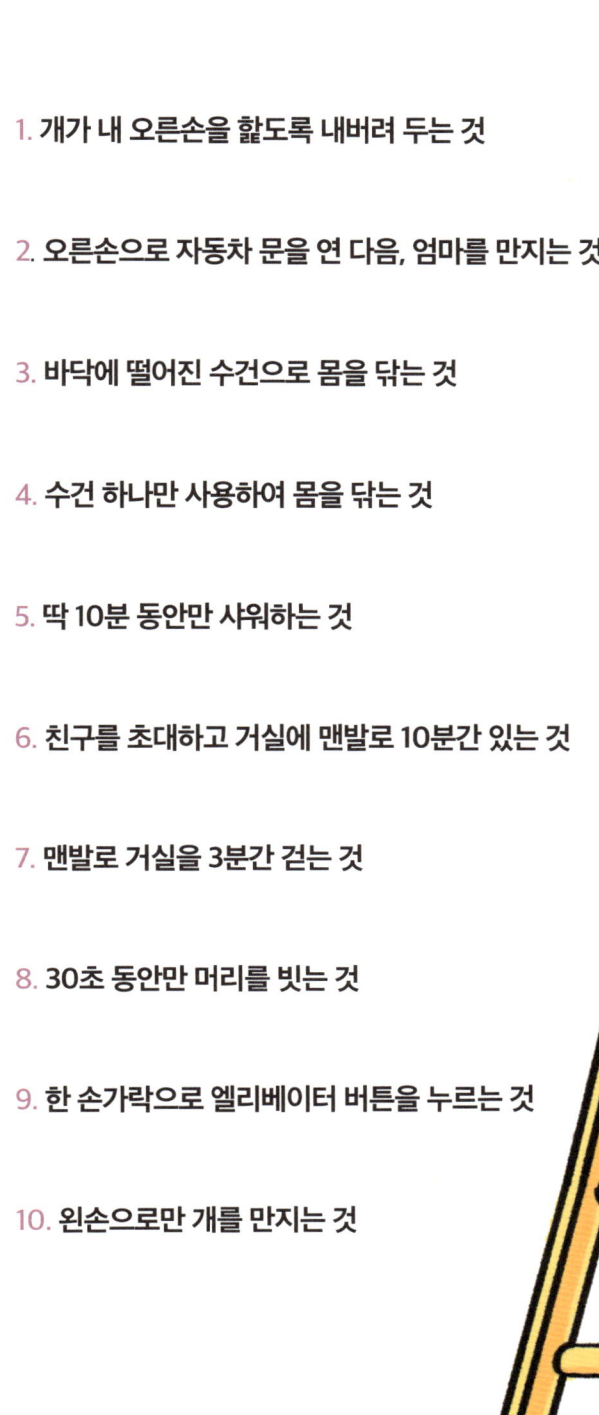

진아는 자신이 무섭다고 느끼는 행동을 구체적으로 적음으로써, 어떤 행동들은 그전보다 덜 무섭게 느껴졌습니다. 예를 들어, 왼손으로만 개를 만지는 것은 너무도 무섭지만, 오른손으로만 만지는 것은 그보다 조금 낫습니다. 또, 딱 10분 동안만 샤워하는 것은 여전히 어렵지만, 그래도 5분 동안만 샤워하는 것보다는 낫습니다.

사다리가 빈틈없이 채워져 있어야 할 필요는 없습니다. 지금은 다섯 가지 정도밖에 생각이 안 난다고 해도 괜찮습니다. 나머지는 나중에 언제든 채우면 된답니다.

활동 15

여러분의 사다리를 만들어 보세요

강박증 때문에 무섭다고 느끼는 것을 생각해 보세요. 갑자기 머릿속에 떠올라서 여러분을 가만히 내버려 두지 않는 무서운 생각이 여기에 해당됩니다. 또는, 강박증 때문에 여러분이 하지 않는 행동도 여기에 해당됩니다. 예를 들어, 강박증 때문에 어떤 특정한 장소에 가지 못한다거나 '잘못된' 방식으로는 할 수 없는 일이 있을 수 있습니다.

이번에는 만약 여러분이 강박행동을 할 수 없다면, 그것들이 얼마나 힘들지 또는 무서울지 생각해 보세요. 가장 힘들다고 생각하는 것을 사다리 제일 윗줄에 적으세요. 그다음으로 힘든 것은 그 아래에 각각 적어 봅시다.

계속해서 제일 아랫줄까지 적어 보세요. 아래에 적는 것은 윗줄보다는 조금 더 하기 쉬운 것들입니다. 또한, 사다리가 빈틈없이 채워져 있어야 할 필요는 없습니다. 최대한 여러분에게 쉬운 일, 어려운 일, 그리고 그 중간인 일은 무엇인지 생각해 보세요. 다 적은 다음에는 옆에 숫자를 붙여 봅시다.

자, 여러분의 사다리를 만들어 보세요!

불편한 느낌이 들어도 괜찮아요

강박증에 맞서기는 참 힘듭니다. 강박증을 거부하는 것, 강박증 때문에 마주하기 어려운 것을 마주하는 것은 정말 어려운 일입니다. 하지만 누군가 강박증에 맞설 수 있는 사람이 있다면, 그건 바로 여러분입니다. 아래는 여러분이 계속 강박증에 맞서는 데 도움이 될 수 있는 몇 가지 팁입니다.

계속 기록하세요: 강박증 때문에 하기 어렵거나 무섭다고 느껴지는 것들에 1부터 10까지 단계를 나누었던 것을 기억하나요? 여러분들이 적은 것을 계속 가지고 있으세요. 그리고 매주 새롭게 단계를 나누어 보세요. 첫째 주에는 9단계였던 것이, 둘째 주에는 5단계로 내려갈지도 모릅니다. 이는 사다리의 위쪽에 있었던 것들이 조금 아래로 내려오고 있다는 뜻입니다. 즉, 예전보다는 덜 무서워지기 시작하고 있다는 것이며, 여러분이 발전하고 있다는 것입니다. 정말 대단합니다!

친구나 가족의 도움을 받으세요: 여러분은 정말 어려운 일을 하고 있습니다. 힘들 때는 가까운 친구나, 형제자매 또는 부모님이나 선생님에게 도움을 요청하고 격려를 받아도 좋습니다.

자기 자신을 믿으세요: 강박증이 없는 아이들이 보기에는, 여러분이 노력하는 것이 별일이 아닌 것처럼 보일지도 모릅니다. 하지만, 강박행동을 하고 싶은 충동을 참는 것은 여러분에게는 정말로 엄청나게 어려운 일입니다. 여러분 자신을 믿고, 스스로 칭찬해 보세요.

미래의 여러분을 생각해 보세요: 여러분의 머릿속에 있는 그 많은 무서운 생각을 하는 시간, 그리고 무언가를 확인하고, 세고, 씻고, 반복하는 데 사용하는 시간은 여러분의 시간을 너무 많이 낭비합니다. 강박증을 극복하고 나면, 여러분에게 많은 자유 시간이 생길 것입니다. 이러한 자유 시간에 무엇을 하면 좋을지 한 번 생각해 보세요.

상을 받으세요: 여러분은 정말 노력하고 있습니다. 부모님이나 보호자에게 상을 받을 수 있는지 물어보세요.

활동 16

초심 유지하기

어떻게 하면 여러분이 계속 초심을 유지할 수 있을지 생각해 봅시다. 그리고 아래에 여러분이 도움을 요청할 수 있는 사람들의 이름을 적어 봅시다. 친구나 형제자매, 또는 선생님의 이름을 적어도 좋습니다. 여러분이 믿을 수 있으며, 긍정적이고 힘을 주는 사람이라면 누구든 괜찮습니다.

그리고 남는 공간에, 강박증이 나아지면 하고 싶은 신나는 일을 몇 가지 적어 보세요.

이제 올라가 봅시다

여러분은 지금까지 정말 잘하고 있습니다! 강박증 탐정으로서도 정말 잘해 주었습니다. 사다리에 여러분이 어려워하는 것들을 적혀져 있을 것입니다. 이번에는 그 사다리를 올라가 볼 차례입니다. 제2장에서 배운 세 가지 도구를 기억하나요? '생각 바꾸기', '관찰자', 그리고 '시험해 보기' 도구를 배웠습니다.

이제 동진이의 이야기를 읽어 봅시다. 동진이는 강박증 사다리를 만들었고, 이제 첫 번째 도구인 '생각 바꾸기'를 이용해서 사다리를 올라가 보려고 하고 있습니다. 동진이는 사다리 아래쪽에 '뭐든 잘해 내야 한다는 생각'과 '자기 방의 물건 확인하는 것'을 적었습니다. 동진이는 여기서부터 시작하려 합니다.

동진이의 이야기

동진이는 강박증이 있는 아홉 살 아동입니다. 동진이는 강박증 때문에, 무언가를 특정한 방식으로 하지 않으면 나쁜 일이 생길지도 모른다는 생각을 합니다.

매일 밤마다 동진이가 하는 행동이 있습니다. 하지만 그건 이를 닦는다거나 잠을 잘 준비를 하는 것처럼 일상적인 행동이 아니라, 강박증적인 행동입니다. 동진이도 이게 너무나 너무나 괴롭습니다. 동진이는 뭔가를 할 때 아주 세세하게 순서를 지켜야만 한다고 생각합니다. 그렇지 않으면 나쁜 일이 일어날 것 같습니다. 내일은 시에서 주최하는 받아쓰기 대회가 있는 날입니다. 동진이는 이 대회를 위해 열심히 공부해 왔습니다. 동진이는 매일 밤마다 하는 행동을 오늘 밤에 제대로 끝내지 못하면, 내일 대회에서 꼴찌를 해서 부모님이 크게 실망할지도 모른다는 생각이 들어 걱정이 됩니다.

동진이가 매일 밤마다 하는 행동 중 하나는 침대 밑을 세 번 확인하는 것입니다. 그다음, 시계를 보았을 때 제일 끝자리가 짝수인지 확인합니다. 만약 그렇지 않으면, 동진이는 다시 침대 밑을 확인하고 시계가 2, 4, 6, 8 중 하나로 끝날 때까지 이 행동을 반복합니다.

물론 동진이는 침대도 다시 정리해야 합니다. 먼저 침대에서 이불을 내려놓은 다음, 베개를 쌓았다 내려놓았다 합니다. 그리고 침대 모서리 부분에 침대 커버가 제대로 위치해 있는지 확인해야 합니다. 그러고 나서야, 동진이는 침대에 누울 수 있습니다.

하지만 이번에 동진이는 이렇게 생각해 보았습니다. '난 내일 받아쓰기 대회에서 최선을 다해 열심히 할 거야. 내가 침대를 세 번 확인하든 삼백 번 확인하든 내일 대회에서 내가 어떻게 될지와는 상관이 없어. 내가 얼마나 대회를 열심히 준비했는지가 상관있는 거야. 그리고 난 지금까지 열심히 공부했어. 그러니까 난 내일 괜찮을 거야. 그리고 만약에 꼴찌를 한다고 해도 뭐 어때? 대회에 나가는 것만 해도 대단한 거야.'

동진이에게 공감이 돼요

　동진이와 비슷한 생각을 해 본 경험이 있나요? 동진이는 뭔가 나쁜 일이 일어날지도 모른다는 생각이 머릿속에 갑자기 떠오르곤 합니다. 그리고 이번에 떠오른 생각은 받아쓰기 대회에서 제대로 못 할지도 모른다는 것이었습니다. 동진이는 이러한 생각을 없애 버리기 위해, 계속 침대 밑을 확인하고 또 확인하는 데 '사로잡혀' 있었습니다. 동진이는 얼마나 답답할까요!

　하지만 동진이는 자기가 생각하는 방식을 바꿈으로써 강박증의 악순환으로부터 벗어날 수 있었습니다. 동진이는 자신의 강박적 사고를 똑바로 마주 보았습니다. 그리고 받아쓰기 대회에서 어떤 성적을 거둘지와 상관있는 것은 자신이 얼마나 열심히 공부했는가이지 자신이 얼마나 침대 밑을 확인하는가가 아니라는 사실을 스스로 상기시켰습니다.

　또한, 동진이는 자신에게 일어날 수 있는 최악의 상황도 상상해 보았습니다. 동진이는 자신이 열심히 공부했던 것을 기억하며, 대회에서 꼴찌를 할 가능성은 상당히 낮다는 것을 깨달았습니다. 그리고 만약에 꼴찌를 한다고 하더라도 그렇게 기죽을 필요가 없으며, 대회에 나가는 것만으로도 충분히 대단하다는 사실을 스스로 상기시켰습니다. 마음을 다잡은 동진이는 결국 시 대회에서 우승할 수 있었습니다.

계속 올라갑시다

강박증이 있는 사람은 때때로 자신이 무언가를 했는지 안 했는지 의심하곤 합니다. 어떤 아동은 책가방에 숙제한 것을 넣은 뒤, 책가방이 '제대로' 잠겼는지 걱정합니다. 어떤 아동은 이미 답을 알고 있는 것을 다른 사람에게 물어보기도 합니다. 또 어떤 아동은 자기가 누군가를 다치게 할지도 모른다고 걱정합니다. 비록 누군가를 다치게 하고 싶은 마음이 전혀 없다고 하더라도 말입니다.

이번에는 '관찰자' 도구를 사용하는 지현이의 이야기를 읽어 봅시다.

지현이의 이야기

열 살인 지현이는 강박증이 있습니다. 지현이는 때때로 강박증 때문에 자기가 하지 않은 일에 대해 심각하게 걱정합니다. 그리고 이런 생각이나 장면이 머릿속에 떠오르면 어떻게 없애야 하는지도 모르겠습니다. 그래서 그럴 때마다 지현이는 다시 가서 자기가 확실히 하지 않았는지 확인하거나 다른 사람들에게 계속 물어 확인합니다.

예를 들어, 지현이는 방금 영어 수업시간에 단어 시험이 있었습니다. 시험이 끝나고, 선생님은 시험지를 모두 걷어 갔습니다. 이제 신나는 점심시간입니다! 친구들과 함께 급식을 먹는 동안, 갑자기 머릿속에 이런 생각이 떠오릅니다. '내가 시험볼 때 커닝을 했던가?' 물론 지현이는 커닝을 한 적이 전혀 없습니다. 하지만 이 성가신 생각은 머릿속에서 떠나려 하질 않습니다. 강박증은 지현이를 가만히 내버려 두질 않습니다.

예전에 이런 의심이 들었을 때, 지현이는 곧바로 교실로 뛰어가 선생님을 찾고 이렇게 물어봤습니다. "선생님, 제가 아마 이번 시험에서 커닝을 했었던 것 같아요. 제가 커닝하는 것을 보셨나요? 제가 커닝을 안 한 게 확실한가요?" 또한, 친구들에게도 물어봅니다. "얘들아. 혹시 내가 시험 중에 너희 답을 쳐다보는 것 같진 않았어? 내가 커닝한 것 같지 않아?"

하지만 이번에 지현이는 이런 의심이 강박증 때문이라는 것을 알 수 있었습니다. 그리고 저번에 선생님과 친구들이 지현이에게 "넌 커닝 안 했어."라면서 안심시켜주었을 때 나아진 기분은 몇 분 지나지 않아 사라졌었다는 것을 기억했습니다. 이제 다른 의심이 머릿속에 마구 떠오를 것입니다. 그러면 끝없이 의심하고 다시 질문하고를 반복해야 합니다.

그래서 이번에 지현이는 자신이 가진 의심이 단지 생각이라는 것을 스스로 다시 알려 주기로 했습니다. '나는 강박증이 지금 나를 혼란스럽게 만드는 걸 알아. 선생님이나 친구한테 가서 내가 커닝한 것 같냐고 물어보지 않을 거야. 그리고 내가 커닝한 것 같다고 말하지도 않을 거고, 커닝 안 했다고 말하지도 않을 거야. 나는 그냥 생각을 지켜보기만 할 거야.'

마치 흐르는 강물 위에 있는 나뭇잎처럼, 지현이의 강박적 생각은 흘러내려 갔습니다. 지현이는 생각이 떠나는 것을 보고, 다시 친구들과 급식을 먹으며 즐거운 점심시간으로 돌아갈 수 있었습니다.

지현이에게 공감이 돼요

지현이와 비슷한 생각을 해 본 경험이 있나요? 지현이는 갑자기 자기가 잘못했다는 생각이 떠올랐습니다. 지현이는 시험에서 커닝했을지도 모른다는 생각이 들어 걱정하기 시작했습니다. 또한, 지현이는 커닝이 잘못된 것이라는 것을 알았기 때문에 더욱 걱정이 되었습니다.

이러한 걱정을 없애기 위해, 지현이는 평소에 선생님이나 주위 친구들에게 자기가 실제로 커닝을 했는지 물어보았었습니다. 하지만 다른 사람들이 지현이에게 넌 확실히 커닝을 하지 않았다고 말해도, 지현이는 그런 의심을 없앨 수가 없었습니다. 참 안타깝지요?

하지만 지현이는 이러한 의심이 강박증 때문이라는 것을 스스로 상기시키고 나자, 강박증의 악순환을 멈출 수가 있었습니다. 지현이는 예전에 다른 사람에게 자기가 커닝을 했는지 물어보았을 때, 머릿속에 있는 생각을 지울 수 없었다는 것을 기억했습니다. 그래서 이번에 지현이는 그저 자기 생각을 관찰하기로 했습니다. 자기가 가진 생각에 대해 이렇다 저렇다 판단하지 않았습니다. 그 생각이 진실이라고도 거짓이라고도 판단하지 않았습니다. 지현이는 선생님이나 친구들에게 자기가 커닝했냐고 물어보고 싶은 충동을 느꼈지만, 최선을 다해 참았습니다. 그래서 어떻게 되었을까요? 결국, 성가신 생각이 약해지기 시작했습니다.

생각은 단지 생각일 뿐이라는 것을 기억하세요. 여러분의 허락이 없으면, 생각은 여러분을 해칠 수 없습니다.

활동 17

구름 관찰하기

아래 둥실둥실 떠다니는 구름이 그려져 있습니다. 구름마다 크기가 서로 다른 것이 보이나요? 강박증으로 인해 여러분이 가지고 있는 걱정이나 생각 또는 의심을 구름 안에 하나씩 적어 보세요.

이제 눈을 감아 보세요. 조금 바람은 불지만 따듯한 햇빛이 느껴지는 날씨를 상상해 봅시다. 높고 푸른 나무 사이로 빛이 춤을 춥니다. 하늘은 아주 새파랗습니다. 커다란 구름이 아주 많이 둥실둥실 떠다니고 있습니다. 마치 거대한 마시멜로가 하늘을 채운 것 같아요!

이 구름들이 여러분의 강박적 사고나 걱정이라고 상상해 보세요. 그리고 그저 지켜만 보세요. 거기 있는 게 당연하다는 말도 하지 말고, 거기 있으면 안 된다는 말도 하지 마세요. 이 구름들이 하늘을 가로질러 천천히 지나가는 것을 그저 관찰하세요.

계속 노력합시다

강박증이 있으면 종종 말이나 행동을 계속 반복하게 될 때가 있습니다. 이걸 뭐라고 했었는지 기억하나요? 맞아요. 강박행동입니다.

강박증이 있는 아동들은 머릿속에 있는 무섭거나 불편한 생각을 없애고 마음이 편해지고 싶기 때문에 이러한 행동을 합니다. 어떤 아동은 단어나 숫자 등을 특정한 순서(또는 특정한 횟수)로 반복합니다. 어떤 아동은 천장의 타일 같은 것을 세기도 합니다. 또한, 강박증이 있는 아동 중에서는 컴퓨터나 태블릿 혹은 게임 컨트롤러 등을 정확한 방식으로 눌러야 한다고 생각하거나 '제대로' 됐다는 느낌이 들 때까지 눌러야 한다고 생각하는 경우도 있습니다.

강박증이 있는 사람들은 강박행동에는 반드시 따라야 하는 어떤 '규칙'이 있다고 계속 생각하게 됩니다. 그리고 이러한 규칙을 따르지 않았을 경우에는, 처음부터 다시 시작해야만 한다고 생각하게 됩니다.

이번에는 다른 이야기를 읽어 봅시다. 다음은 '시험해 보기' 도구를 사용하는 지혜의 이야기입니다.

지혜의 이야기

지혜는 강박증이 있는 일곱 살 아동입니다. 지혜는 강박증 때문에 종종 무언가를 특정한 방식으로 만지거나 두드리거나 또는 누릅니다. 지혜는 무언가를 돌리거나, 열거나, 스위치를 누르거나, 또는 케이블을 뽑는 것이 너무나도 어렵고 그래서 시간도 많이 걸립니다.

예를 들면, 태블릿이나 TV 리모컨, 심지어는 치약과 같은 일상적인 물건에서도 쉽게 떨어질 수가 없습니다. 이 물건들은 각각 특정한 방식으로 다루어져야만 합니다. 태블릿에 충전 케이블을 꽂았을 때, 충전이 시작되는 소리가 들려야 합니다. 가끔은 이걸 하는 데 10분이나 걸리기도 합니다. 충전 케이블을 꽂습니다. 삐빅. "제대로 안 된 것 같아." 그리고 충전 케이블을 뽑습니다. "다시 해 보자." 다시 충전 케이블을 꽂습니다. 삐빅. "음, 뭔가 딱 맞지가 않아." 지혜는 그저 충전 케이블을 꽂은 뒤 떠나지 못합니다.

답답한 지혜는 부엌으로 가서 간식이라도 먹어 볼까 합니다. 과자는 병 안에 들어 있습니다. 병을 열려면 뚜껑을 돌려야 합니다. 지혜는 뚜껑을 반시계 방향으로 돌렸다가 다시 시계 방향으로 돌리는 것을 다섯 번 반복해야만 합니다. 하지만 때로는 다섯 번 반복하고 난 다음에도 왠지 의심이 듭니다. "내가 정확히 다섯 번 한 게 맞나? 그냥 처음부터 다시 하는 게 낫겠어. 한 번." 반시계 방향. 시계 방향. "두 번." 반시계 방향, 시계 방향. 지혜는 점점 더 답답해집니다. 지혜는 그냥 과자를 조금 먹고 싶은 것뿐인데! 그러던 찰나, 다른 방에 있던 삼촌이 지혜를 부릅니다. "지혜야, 네가 좋아하는 프로그램 시작한다." 삼촌은 지혜가 돌리는 걸 방해합니다. 에휴.

지혜는 돌리는 것을 끝내고 TV를 보러 갔습니다. 지혜는 보통 이럴 때 큰 소리로 걸음을 세며, 식탁 모서리를 순서대로 만지곤 했습니다. 하지만, 이번에 지혜는 자신의 강박증을 마주 보기로 했습니다. 용기를 내 보기로 했습니다. 이번에는 아무리 마음이 불편할지라도, 식탁을 만지지 않기로 했습니다. 우선 20초 동안 버텨보았습니다. 하지만 결국 식탁을 만져야만 한다는 생각이 듭니다. 그래서 이번에는 평소와는 다른 순서로 식탁 모서리를 만졌습니다.

그다음, 큰 소리로 걸음을 세는 대신에, 이번에 지혜는 걸으면서 아무 숫자나 단어를 말해 보기로 했습니다. 일부러 좀 웃긴 단어도 말해 보았습니다. 왼발을 뻗으며, "X." 오른발을 뻗으며 "칠백 칠십 칠." 다시 왼발을 뻗으며, "케첩." 오른발을 뻗으며, "민들레." 지혜는 자신의 강박증 규칙을 이리저리 뒤섞는 것이 처음에는 아주 힘들었지만, 걱정이 점점 줄어들기 시작하는 것을 느낄 수 있었습니다.

지혜에게 공감이 돼요

지혜와 같은 생각을 해 본 경험이 있나요? 지혜는 무언가를 특정한 방식으로 반복해야 한다고 생각했습니다. 충전 케이블을 꽂았다가 뺐다가 하기도 하고, 뚜껑을 반시계 방향으로 돌렸다가 시계 방향으로 돌렸다가 하기도 하며, 무언가를 셌다가 다시 셌다가 합니다. 강박증이 있으면, 일상적인 일들조차 어려워지기도 합니다.

지혜에게 구체적인 걱정이나 생각이 없었던 것을 눈치챘나요? 지혜의 강박증은 대체로 강박행동과 관련되어 있습니다. 강박행동이란 강박증으로 인하여 계속 반복하게 되는 행동임을 기억하세요. 보통 강박행동은 무섭거나 원치 않는 생각을 머릿속에서 떠나보내기 위해 행해집니다. 물론 항상 그런 것은 아닙니다. 지혜는 강박증으로 인해 아주 엄격한 '규칙'을 따라야만 한다고 생각하고 있습니다.

하지만 지혜는 이러한 규칙을 어김으로써 강박증의 악순환을 멈출 수가 있었습니다. 처음에는 힘들어

했지만, 마지막에는 강박증의 일부를 마주할 수 있게 되었습니다. 아예 안 하는 것보다는 조금이라도 하는 것이 낫습니다. 꼭 기억해 두세요.

강박증에 맞서는 데는 많은 시간과 노력이 필요합니다. 지혜는 처음 두 개의 강박행동(충전 케이블과 과자 병뚜껑)은 하고 말았습니다. 그러나 다른 강박행동에는 맞서 보았습니다. 정말 자랑스럽고 대단한 일입니다. 지혜는 강박행동을 하지 않아 초조했습니다만, 어쨌든 의도적으로 강박행동을 하지 않았습니다. 지혜는 정말로 용감하게 자신의 강박증과 맞서고 있습니다.

활동 18

지혜처럼 용기를 내 봅시다

강박증으로 인해 여러분이 해야 한다고 느끼는 말이나 행동을 생각해 보세요. 그중에서 여러분이 무언가 특정한 순서로 해야 한다고 느끼는 것도 있나요?

지혜는 강박증으로 인해 TV를 보러 갈 때, 자기 발걸음을 세어야 한다고 생각했습니다. 그러나 지혜는 자기 강박증에 맞서기 위해, 규칙을 일부러 지키지 않았습니다.

아래 그림을 보세요. 볼링 핀 안에는 강박증으로 인해 여러분이 따라야만 한다고 느끼는 모든 '규칙'들을 적어 봅시다. 그다음, 볼링 볼 안에는 그 규칙을 깨뜨리는 방법을 적어 봅시다. 여러분의 '규칙'과 정확히 반대되는 것을 적어도 좋습니다.

창의적인 방법이든 우스꽝스러운 방법이든 뭐든 좋습니다. 볼링 핀을 눕혀 봅시다.

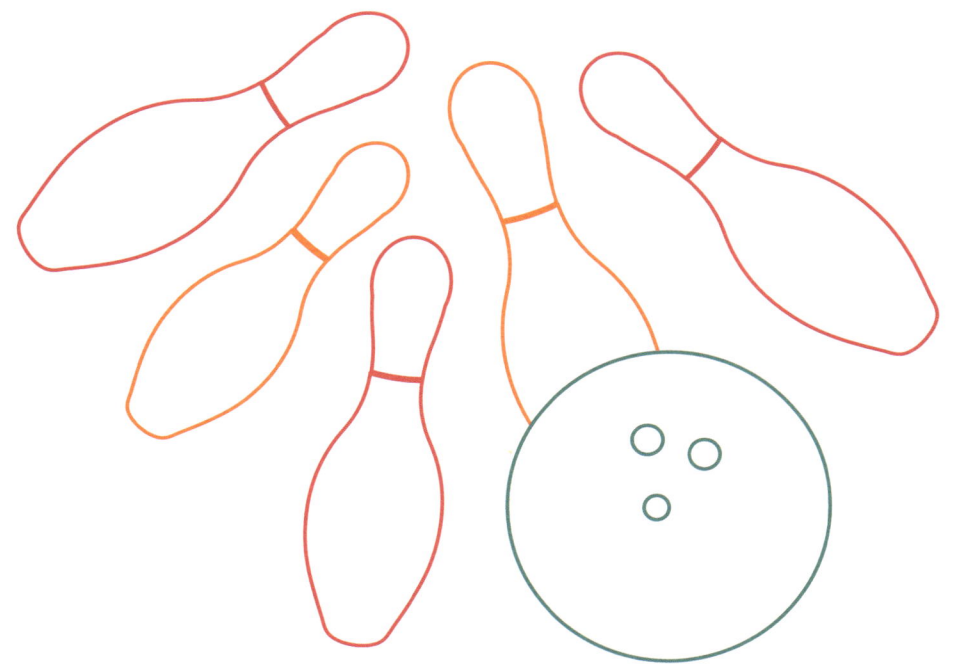

항상 용기를 내되, 위험한 일은 하지 마세요

지금까지 정말 잘 따라오고 있어요! 강박증에 맞서는 것은 정말로 어려운 일입니다. 앞으로 계속해서 여러분이 강박증에 맞서며 사다리를 오르는 동안 '항상 용기를 내되, 위험한 일은 하지 말 것'을 명심하세요. 이건 '시험해 보기' 도구를 사용할 때 매우 중요합니다.

일반적으로, 강박증이 하라는 행동을 하지 않을수록 여러분은 더 나아집니다. 예를 들어, 여러분은 강박증으로 인해 손잡이를 만진 후에 항상 손을 씻어야만 한다고 느낄 수 있습니다. 그리고 강박증에 맞서려면 손을 씻지 않아야겠죠. 이때 여러분은 심지어 일부러 손잡이를 만지고 손을 씻지 않은 채, 나쁜 일이 일어날지도 모른다는 상상을 견딜 수도 있습니다. 이런 일들은 모두 강박증에 맞서는 방법들입니다. 여러분은 잘하고 있습니다. 계속 이렇게 해 보세요!

여러분은 위험한 행동 또는 자기 자신이나 다른 사람을 상처 주는 행동을 절대로 하고 싶지 않아 한다는 사실을 기억하세요. 예를 들어, 여러분이 강박증으로 인하여 어딘가에 닿은 물건이 '세균투성이'가 될까 걱정하고 있다고 해 봅시다. 이를 극복하기 위하여, 식탁 위에 있던 사탕을 하나 먹는 것은 괜찮습니다. 그러나 더러운 화장실 바닥에 있던 사탕을 먹는 것은 전혀 괜찮지 않습니다.

또 다른 예로, 여러분이 강박증으로 인하여 어떤 특정한 음식을 먹으면 아플지도 모른다는 생각을 하고 있다고 해 봅시다. 이를 극복하기 위하여, 유통기한이 이틀 정도 지난 샌드위치를 먹는 것은 괜찮습니다. 그러나 날고기나 익히지 않은 음식을 먹는 것은 전혀 괜찮지 않습니다.

또 다른 예로, 여러분이 강박증으로 인하여 누군가를 우연히 다치게 할지도 모른다고 걱정하고 있다고 해 봅시다. 여러분이 가위를 사용하고 있을 때, 누군가를 다치게 할지도 모른다는 생각을 의도적으로 하는 것은 괜찮습니다. 그러나 실제로 가위로 누군가를 다치게 하는 것은 전혀 괜찮지 않습니다.

덤벼 봐요!

강박증은 여러분의 머릿속으로 예고 없이 무서운 생각이 나타나게 합니다. 이런 무서운 생각들이 머릿속에 떠돌아다니는 것은 너무나도 힘듭니다. 그래서 여러분은 이러한 생각을 밀어내려고 합니다.

하지만 그러면 어떤 일이 벌어질까요? 하마 이야기를 기억하나요? 수영복을 입은 하마에 대한 생각을 하지 않으려고 했을 때 어떻게 되었나요? 맞아요. 수영복을 입은 하마의 웃긴 모습이 여러분 머릿속에 떠오를 것입니다.

여기서 얻을 수 있는 교훈은 무엇일까요? 강박증으로 인해 드는 무서운 생각들을 밀어내려고 하지 말고, 한번 이렇게 해 보세요. 일부러 그 생각을 해 보세요. 한 번 덤벼 보는 거예요! 이상하게 들릴 수도 있어요. 왜 안 좋은 일이 일어날 것이라는 생각을 해야 하는 걸까요? 그건 여러분의 뇌에게 무언가를 상상한다고 해서 그 일이 실제로 벌어지지 않는다는 것을 알려 주기 위해서예요.

여러분은 선생님이 내일 수업 대신 파티를 열었으면 좋겠다는 생각을 하고 있다고 해 봅시다. 정말 재미있겠죠? 여러분은 너무나도 파티를 하고 싶어서, 이 상상을 매우 매우 강렬하게 하고 있습니다. 여러분은 이런저런 게임들과 맛있는 피자, 즐거워하는 반 친구들 그리고 숙제가 없는 반 풍경을 상상하고 있습니다. 이렇게 계속 내일 파티가 열리는 상상을 합니다. 심지어 여러분은 이런 생각도 합니다. '내일 확실히 파티가 열릴 거야. 나는 알아.'

잠깐 멈추고 다시 생각해 보세요. 내일 학교에 가면 정말 파티가 열릴까요? 안타깝게도 아닙니다. 내일 학교에서 파티는 열리지 않을 것입니다.

요점은 다음과 같습니다. 여러분이 마음속으로 파티 생각을 한다고 해서 실제로 파티가 열리는 것은 아닙니다.

강박증으로 인해 생기는 생각이나 걱정도 마찬가지입니다. 강박증에 맞서는 방법 중 하나는 강박증으로 인해 생기는 무서운 생각을 일부러 해 보는 것입니다. 보통 여러분은 이런 무서운 생각을 떨쳐 버리려고 노력하고, 최대한 생각하지 않으려고 노력할 것입니다. 하지만, 이번에는 반대로 해 보세요. 이러한 생각들에 덤벼 보세요! (힌트: 여러분의 사다리의 가장 아래에 있는 것부터 시작해 보세요.)

이제 주연이의 이야기를 읽어 봅시다.

주연이의 이야기

주연이는 강박증이 있는 아홉 살 어린이입니다. 주연이는 강박증 때문에 종종 자신이 병에 걸릴지도 모른다는 생각이 머릿속에 떠오르곤 합니다. 어느 날, 주연이는 팝콘을 먹고 있었습니다. 주연이가 봉지 속의 팝콘을 한 주먹 가득 꺼내자, 팝콘 한 알이 카펫으로 떨어졌습니다. 평소라면 주연이는 이 떨어진 팝콘을 버렸을 것입니다. 하지만 이번에 주연이는 용기를 내 보기로 했습니다. 주연이는 떨어진 팝콘을 주워 입안으로 넣었습니다. 처음에 주연이는 '역겨워.'라고 생각했습니다. 그 다음에는 궁금해졌습니다. '이러다가 병에 걸리면 어떡하지? 뭔가 안 좋은 일이 일어나면 어떡하지?'

주연이는 이 생각들을 무시했습니다. 왜냐하면, 이러한 생각들은 강박증이 만들어 내는 것이라는 것을 알고 있었기 때문입니다. 또한, 평소라면 주연이는 곧장 세면대로 가서 손을 씻고 부모님에게 자기가 병에 걸리지는 않을지 물어보았을 것입니다. 하지만 주연이는 이번에는 그렇게 하지 않고, 강박증이 요구하는 것과 정확히 반대되는 행동을 했습니다.

주연이는 일부러 이렇게 생각해 보았습니다. '그래, 난 병에 걸릴 거야.' 주연이는 불안감이 치솟는 것을 느꼈습니다. 그래도 주연이는 물러서지 않고 계속 생각합니다. '그 떨어진 팝콘은 엄청 병균 덩어리였어. 그걸 먹은 나도 병균 덩어리야. 나는 백퍼센트 확실하게, 아주 틀림없이, 분명히 병에 걸릴 거야.' 주연이는 불안감이 아직 여전히 높지만, 그래도 조금 낮아진 것을 느꼈습니다.

주연이는 여기서 멈추지 않았습니다. 주연이는 카펫을 손으로 만지고, 그 손으로 엄마를 껴안으며 이렇게 생각했습니다. '엄마는 이제 병에 걸릴 거야. 그래, 틀림없어. 엄마는 이제 병에 걸릴 거야.' 그다음 5분 동안 주연이는 굴복하지 않았습니다. 즉, 주연이는 스스로 자기 손은 깨끗하기 때문에 엄마가 병에 걸릴 일은 없다고 생각하려 하지 않았습니다. 그 대신 계속 이렇게 생각했습니다. '내 온몸은 병균투성이야. 나는 병에 걸릴 거야. 나는 병에 걸릴 거야.'

이러한 생각을 아주아주 아주 많이 해 보고 나니, 주연이는 불안감이 사라지는 것을 느꼈습니다. '나는 병에 걸릴 거야.'라는 생각을 백 번도 넘게 해도 괜찮았습니다. 이 말은 예전만큼 힘이 있지 않습니다. 이제 그건 그저 말일 뿐입니다.

주연이에게 공감이 돼요

주연이와 같은 생각을 해 본 경험이 있나요? 주연이는 자기가 병균을 만져서 병에 걸리고, 또 그로 인해 다른 사람을 병에 걸리게 할지도 모른다고 걱정을 하고 있습니다. 보통, 주연이는 강박증으로 인해 손을 씻거나, 또는 병균이 묻은 것 같은 물건(카펫에 떨어진 팝콘 등)을 피했습니다.

그러나 주연이는 일부러 안 좋은 생각을 함으로써 강박증의 악순환으로부터 벗어날 수 있었습니다. 예전의 주연이는 불안감을 낮추기 위해 이러한 무서운 생각들을 밀어냈었습니다. 그 누구도 병에 걸리고 싶은 사람은 없을 것입니다만, 주연이는 한 번 도전해 보았습니다. 주연이는 아무리 강렬하게 자신이 병에 걸릴 거라는 생각을 한다고 하더라도, 자신이 실제로 병에 걸리지는 않는다는 사실을 증명하기 시작했습니다. 정말 용감하지요?

활동 19

주연이처럼 용기를 내 봅시다

　주연이처럼 용기를 내 봅시다! 강박증 때문에 여러분의 머릿속에 생기는 걱정거리나 생각을 모두 떠올려 보세요. 그중에서 그렇게 힘들지 않은 것, 즉 사다리의 아래쪽에 위치하는 것을 아래에 하나 적어 봅시다. 이런 생각을 적는 것만으로도 불안감을 느낄 수도 있지만, 괜찮아요. 너무 걱정하지 마세요.

　자, 이제 더 용기를 내 봅시다. 여러분이 적은 생각을 다시 열 번 더 적어 봅시다. 혹시 여러분이 더 용기를 낼 수 있다면, 다시 열 번 적으면서 큰 소리로 따라 읽어 볼 수도 있습니다. 혹시 여러분이 그보다 더 큰 용기를 낼 수 있다면, 실제로 그 일이 벌어지는 것을 상상해 볼 수도 있습니다.

　처음에는 정말 두렵게 느껴질 것입니다. 하지만, 기억하세요. 생각은 단지 생각일 뿐입니다. 결국, 여러분의 뇌는 그 생각이 지겹다고 느껴질 것입니다. 여러분이 강박적 사고를 더 적어 보고, 말해 보고, 생각해 볼수록, 그 생각이 여러분에게 미치는 힘은 점점 더 작아질 것입니다. 잘하고 있어요! 더 용기를 내 봅시다!

강박증에 맞서는 더 다양한 도구들

지혜의 이야기를 기억하나요? 지혜는 강박증이 시키는 일을 일부러 하지 않음으로써, 강박증에 맞설 수 있었습니다. 무엇이든 처음에는 아주 힘들 수 있습니다. 그러므로 사다리의 가장 아랫부분부터 시작하는 것이 좋습니다. 아래는 여러분이 강박증에 맞서는 데 도움이 되는 몇 가지 팁입니다.

타이머 사용하기: 예를 들어, 여러분은 강박증으로 인해 스스로 더럽다고 느끼거나 '병균투성이'라고 느낄 때, 손을 씻어야만 한다는 생각이 든다고 해 봅시다. 곧바로 손을 씻으러 가지 말고, 한 번 타이머를 두고 여러분이 손을 씻지 않고 얼마나 참을 수 있는지 확인해 보세요.

참는 것이 너무 힘들다면, 먼저 10초를 세는 것부터 시작해 보세요. 계속 연습하면서 시간을 늘려 보세요. 다음에는 30초, 그다음에는 1분을 목표로 해 보세요. 어느 샌가 불안이 줄어들고, 손을 씻고 싶은 욕구가 예전만큼 강하지 않음을 느낄 것입니다.

순서 바꾸기: 강박증으로 인해 말이나 행동을 어떤 특정한 순서로 해야만 한다고 느낄 때는 어떨까요? 이제 저녁을 먹을 시간이라고 생각해 봅시다. 여러분은 앉아서 바로 먹고 싶습니다. 그러나 여러분의 강박증은 우선 의자를 당겼다가 밀었다가를 세 번 반복하고, 그다음 그릇을 두드린 후 마지막으로 수저를 하나씩 만져 보라고 합니다.

강박증에 맞서기 위해, 이러한 순서를 일부러 바꾸어 볼 수 있습니다. 예를 들어, 한 번 그릇을 먼저 두드려 보고, 그다음 의자를 당겼다가 밀었다가를 두 번 반복한 후, 수저를 아무렇게나 놔둬 보세요. 일부러 '잘못된' 순서로 하면 어떻게 되는지 확인해 보세요.

줄이기: 이 방법은 타이머 사용하기와 비슷합니다. 타이머 사용하기를 통하여 여러분의 생각과 행동사이의 시간을 늘리는 훈련을 했었습니다. 이번에는 여러분의 강박행동의 숫자나 강박행동을 하는 데 걸리는 시간을 줄이는 훈련을 할 것입니다.

예를 들어, 여러분은 강박증으로 인하여 가방이 제대로 잠겨 있는지 다섯 번 확인해야만 한다고 느낀다고 해 봅시다. 아예 가방을 확인하지 않는 것은 너무 힘들 것입니다. 먼저 네 번만 확인해 봅시다. 네 번 확인하는 것에 점차 익숙해지면 숫자를 점점 줄여 봅시다. 언젠가는 그 숫자를 0으로 만들 수 있을 것입니다.

만일 여러분이 숫자를 0으로 만들지 못했다고 하더라도, 여러분은 강박증이 요구하는 숫자보다는 덜 하고 있다는 사실을 기억하세요. 이것도 충분히 자랑스러운 일입니다.

떠나기: 예를 들어, 여러분이 강박증으로 인하여 방에 있는 장난감들이 올바른 순서로 있는지 확인해야만 한다는 생각에 사로잡혀 있다고 해 봅시다. 여러분이 장난감들을 세고, 확인하고, 바로잡는 행위에 사로잡혀 있다고 느낀다면, 방을 떠나려고 최대한 노력해 보세요. 할 수 있다면 방에서 나오도록 해 보세요. 그리고 스스로 이렇게 말해 보세요. "내가 이렇게 확인하려고 하는 건 강박증 때문인 것을 알아. 확인을 안 하면 마음이 불편해서 계속 확인하고 싶어. 그래도 나는 방을 떠나면 어떻게 되는지 볼 거야. 난 할 수 있어."

도움 요청하기: 집 안에 있는 어른에게 여러분이 강박증의 악순환에 사로잡혀 있는 것을 보았을 때 무엇을 해 줄 수 있는지 물어보세요. 이는 아주 큰 도움이 됩니다. 어떤 아동들은 부모님의 응원을 받으며 '시험해 보기' 도구를 사용합니다('확인하고 싶은 걸 3분이나 참았구나. 대단해!'). 또 어떤 아동들은 강박행동에 사로잡혀 있을 때 이모의 도움을 받아 서서히 빠져나오기도 합니다.('천천히 냉장고에서 떨어져 보자. 그리고 부엌 밖으로 가 보자. 나랑 같이 밖에 나가 보는 건 어때? 지금 네가 강박증에 사로잡혀 있다는 걸 안단다. 한 번 우리가 같이 밖으로 나가면 어떤 일이 생기는지 볼래?')

위의 방법들을 사용하여 여러분의 강박증과 마주하여 보세요. 한 번에 여러 가지 방법을 함께 써도 괜찮습니다. 여러분이 강박행동에 저항할수록 여러분은 더 나아진다는 것을 기억하세요.

강박행동에 저항하면, 어딘가 불편한 기분이 들거나 심지어는 불안한 기분이 들 수도 있어요. 이러한 기분으로 지내는 것은 정말 힘들 거예요. 이런 기분을 원하는 사람은 없겠죠. 하지만 이러한 불편하고 불안한 기분이 든다는 것은 여러분의 도전이 효과를 보고 있다는 뜻이라는 것을 기억하세요. 즉, 여러분이 강박증에 **훌륭하게** 맞서고 있으며, 강박증에 굴복하지 않았다는 뜻입니다. 계속 연습하고 용기를 잃지 마세요. 불편하고 불안한 기분은 시간이 지날수록 점점 줄어들 것입니다.

활동 20

새로운 도구 사용하기

아래에 여러분의 강박행동을 몇 가지 써 봅시다. 이 행동들은 강박증이 여러분에게 계속하고 또 하라고 말하는 것임을 기억하세요.

113쪽에서는 강박증에 맞서는 데 도움이 되는 새로운 도구를 배웠습니다. 어떻게 하면 이 도구들을 이용하여 강박행동을 참을 수 있을까요? 예를 들어, 타이머를 사용하거나 순서를 뒤바꾸는 것이 여러분의 강박행동에도 적용될 수 있나요? 어떻게 이 도구들을 사용하면 좋을지 아래에 적어 봅시다.

활동 21

성과를 확인해 봅시다

여러분은 정말로 잘하고 있어요. 지금까지 배운 그 많은 도구를 사용했다는 건 정말 자랑스러운 일이에요.

가끔은 강박증 사다리를 다시 만들어 보세요. 그러면 여러분이 얼마나 발전했는지 알 수 있답니다. 강박증으로 인하여 여러분이 힘들다고 느끼는 것들을 모두 생각해 보세요. 예를 들어, 여러분의 머릿속에 갑자기 떠올라 떠나지 않는 말도 안 되는 생각에는 어떤 것이 있나요? 또한, 여러분이 계속해야 한다고 느끼는 말이나 행동에는 어떤 것들이 있나요?

가장 힘들다고 느끼는 것을 사다리의 제일 위 칸에 써 봅시다. 덜 힘들다고 느끼는 것은 중간에 적어 보세요. 이렇게 사다리의 제일 아래 칸까지 채워 봅시다.

여러분이 새로 만든 사다리를 한번 보세요. 뭔가 놀랄 만한 것이 있나요? 예전 사다리에는 위 칸에 있었지만, 이번에는 아래 칸으로 내려온 것이 있을지도 모르겠네요. 예전에는 너무 어려웠던 것이 이제는 꽤 쉬워졌을 것입니다. 어쩌면 예전에는 너무 어렵고 두려웠던 것이 이제는 사다리에 아예 있지도 않을지도 모릅니다.

계속 연습하면서, 때때로 강박증 사다리를 다시 그려 보세요. 그러면 무엇이 여러분을 계속 힘들게 하는지, 그리고 무엇을 계속해서 연습해야 하는지 알 수 있을 것입니다.

또한, 사다리를 다시 그려 보면 여러분이 어떤 성과를 올렸는지 알 수 있으므로, 스스로 격려할 수 있을 것입니다. 사다리의 아주 위 칸에 있던 것이 점차 내려오게 될지도 모릅니다. 이는 여러분이 정말로 노력했다는 증거이며, 정말 자랑스러워할 만한 일입니다.

여러분은 정말 대단한 성과를 거두었어요!

지금까지 너무 잘하고 있습니다! 강박증에 맞서기 위해 여러분은 정말 열심히 하고 있어요.

이 장에서 여러분은 강박증 사다리를 만들고, 지금까지 배운 도구들을 사용하며 멋지게 올라가기 시작했습니다. 이제 여러분은 사다리가 앞으로 어떻게 변해 가는지 볼 수 있을 것입니다. 사다리의 윗부분에 있던 것이 조금씩 쉬워질 것입니다. 또한, 사다리 아랫부분에 있던 것은 어느새인가 보이지 않게 될 것입니다. 계속 열심히 올라 봅시다!

마지막 장에서는, 더 많은 도구들을 배우게 될 것입니다. 이 도구들은 강박증뿐만이 아닌 슬픔이나 걱정, 스트레스를 다루는 데에도 도움이 될 것입니다. 자, 계속해 봅시다!

제4장

넘어져도 다시 일어나서 걸어요

지금까지 여러분은 강박증에 대하여 많은 것을 배웠습니다. 여러분은 강박증 탐정이 되었고, 강박증에 맞서는 데 도움이 되는 다양한 도구들을 이미 사용하고 있습니다. 정말 대단합니다! 이제 가장 중요한 것은 꾸준히 연습하는 것입니다. 여러분은 정말 잘하고 있어요. 이대로 계속하면 됩니다.

때로는 강박증이 다시 나타나고, 또는 더 나빠진 것처럼 느껴질 수 있습니다. 하지만 이는 완전히 정상이라는 것을 기억해 두세요. 당황하지 마세요. 이는 여러분이 다시 원래대로 돌아갔다는 뜻이 아닙니다. 여러분이 해 온 그 많은 연습들, 그리고 여러분이 배운 그 많은 도구들을 모두 떠올려 보세요. 이 경험들은 항상 여러분 안에 있고 절대 사라지지 않을 거예요. 자동차가 더 잘 달리려면 한 번씩 점검이 필요하듯이 여러분도 강박증에 맞서는 과정에서 한 번씩 점검이 필요할 수도 있습니다.

이번 마지막 장에서, 여러분은 언제 점검이 필요한지 알아채는 훈련을 할 것입니다. 또한, 여러분의 도구상자에 넣을 수 있는 더욱 다양한 도구를 배우게 될 것입니다. 그리고 이 도구들은 강박증뿐 아니라 다른 상황에도 도움이 될 거예요. 예를 들어, 여러분이 슬플 때나 긴장될 때 혹은 스트레스를 받을 때 도움이 될 것입니다. 자, 어떤 것들이 있는지 한번 확인하러 가 볼까요?

생각의 덫 입문

감정과 생각 그리고 행동이 어떻게 연결되어 있었는지 기억하나요? 이 세 가지는 서로 연결되어 있기 때문에, 여러분이 무언가에 대해 생각하는 것은 여러분이 어떻게 느끼느냐에 아주 큰 영향을 줄 수 있습니다. 그리고 사람들은 모두 저마다 다른 생각을 합니다. 이는 아동들이 같은 것에 대해 다른 생각을 가질 수도 있다는 것을 의미합니다.

예를 들어, 여러분이 지금 교실을 향해 걷고 있다고 해 봅시다. 여러분의 단짝 친구가 복도에 있는 것이 보입니다. 지금은 쉬는 시간이므로 복도는 꽤 시끄럽고 어수선합니다. 여러분의 단짝 친구는 지금 다른 친구와 얘기를 나누고 있습니다. 여러분은 그 친구 곁을 지나갈 때 손을 흔들며 인사를 했습니다. 그러나 친구는 손을 흔들어 주지 않고, 그저 계속 걷고만 있습니다.

여러분의 친구가 손을 흔들어 인사하지 않은 이유에는 어떤 것이 있을까요?

아래 세 명의 아동이 각자 단짝 친구가 인사를 받아 주지 않은 경험에 대해서 이야기하고 있습니다. 한 번 읽어 볼까요?

지우의 이야기

지우는 단짝 친구를 향해 손을 흔들었습니다. 그러나 친구는 지우에게 다시 손을 흔들어 주지 않았습니다. 지우는 조금 짜증이 났고, 이렇게 생각했습니다. '왜 나한테 다시 인사를 안 하는 거지? 매너가 없네. 단짝 친구는 마주칠 때마다 인사하는 게 당연한 거 아니야? 근데 걔는 나를 일부러 무시했어!' 지우는 화가 났고 단짝 친구와 쉬는 시간에 놀지 않겠다고 결심했습니다.

수민이의 이야기

수민이는 단짝 친구를 향해 손을 흔들었습니다. 그러나 친구는 수민이에게 다시 손을 흔들어 주지 않았습니다. 수민이는 조금 슬펐고, 이렇게 생각했습니다. '왜 나한테 다시 인사를 안 하는 거지? 혹시 내가 뭔가 잘못했나? 걔가 나한테 화난 건 아닐까? 내가 다 잘못한 거야.' 수민이는 불안해졌고, 걱정하기 시작했습니다. '만약에 애들이 전부 나를 싫어하면 어쩌지? 친구가 하나도 없어지는 걸까? 그건 너무 끔찍해!'

주영이의 이야기

주영이는 단짝 친구를 향해 손을 흔들었습니다. 그러나 친구는 주영이에게 다시 손을 흔들어 주지 않았습니다. 주영이는 조금 놀랐지만, 이렇게 생각했습니다. '지금 복도는 엄청 시끄럽고, 걔는 다른 애랑 얘기 중이었어. 아마 내가 인사한 걸 못 본 것 같아.' 주영이는 계속 복도를 걸었고, 앞으로 친구랑 놀 생각에 신이 났습니다.

왜 인사를 받아 주지 않은 걸까요?

　서로 아주 다른 이야기네요! 같은 경험(친구가 인사를 받아 주지 않음)을 했음에도 불구하고, 세 명의 아동이 서로 다른 생각을 한 것을 보았나요? 이 아동들은 단짝 친구가 왜 인사를 받아 주지 않았는지 각자 다른 이유를 생각해 냈습니다. 지우는 친구가 일부러 자기를 무시한다고 생각했습니다. 수민이는 자기가 무언가를 잘못했기 때문에 사람들이 전부 자기를 싫어할 것이라고 생각했습니다.

　하지만 주영이를 보세요. 주영이는 침착하게 생각했습니다. 주영이는 친구가 왜 인사를 받아 주지 않았을지 생각해 보고, 복도가 꽤 시끄럽고 어수선했다는 사실을 기억했습니다. 그러므로 아마 친구가 자신이 인사한 것을 보지 못한 것 같다고 생각했습니다. 주영이는 친구를 나쁘게 생각하지 않았습니다. 또한, 자기 자신을 나쁘게 생각하지도 않았습니다. 주영이는 다른 사람을 비난하지 않았고, 자기 자신을 비난하지도 않았습니다. 주영이는 균형 잡힌 생각을 하고 있었습니다.

　단짝 친구에게 왜 인사를 받아 주지 않았냐고 직접 물어보지 않는 이상, 세 명의 아동 모두 진실을 알 수는 없을 것입니다. 지우의 생각처럼 친구가 정말로 일부러 무시했을 가능성도 있습니다. 또한, 수민이가 생각한 것처럼 수민이가 무언가 잘못을 했고 친구가 수민이에게 화가 나 있을 가능성도 있습니다.

　이제 잠시 한번 생각해 봅시다. 서로 단짝 친구라고 불릴 존재라면, 상대방을 일부러 굳이 무시할 필요가 있을까요? 또한, 수민이가 단짝 친구에게 무언가 잘못을 했다고 해서 다른 모든 사람들까지 수민이에게 화가 났을 거라는 건 이치에 맞는 이야기인가요?

　여러분이 어떻게 생각하느냐가 여러분이 무엇을 느끼는지에 아주 큰 관련이 있다는 사실을 기억하세요. 우리의 감정이 바뀌는 이유 중의 하나는 우리의 생각이 바뀌었기 때문입니다. 우리는 때때로 균형 잡히지 못한 생각을 하기도 합니다. 이때 우리는 생각의 덫에 빠질 수도 있습니다. 이 덫이란 무엇인지 함께 배워 봅시다.

부정적으로 생각하지 마세요. 긍정적으로 생각하지도 마세요. 균형 있게 생각하세요

균형 잡힌 생각을 하려면, 생각의 덫을 알아차리는 데 능숙해야 합니다. 이 생각의 덫은 꽤 교활합니다. 생각의 덫에는 여러 종류가 있습니다. 앞으로 여러분은 그중 몇 가지를 배우게 될 것입니다.

생각의 덫 처리반이 되기 위한 연습을 하다 보면, 더 균형 잡힌 생각을 할 수 있게 될 것입니다. 여러분은 이미 '생각 바꾸기' 도구를 통해 이러한 연습을 하고 있습니다. 또한, 강박적 사고가 아닌 생각을 바꾸는 것도 시도해 볼 수 있습니다. 여러분의 생각을 통제할 수 있는 것은 여러분이라는 사실을 기억하세요. 여러분은 생각을 바꿀 수 있는 힘이 있습니다. 조금만 연습하면 할 수 있어요.

백 퍼센트 긍정적인 생각을 하는 것이 목표가 아니라는 점을 기억해 두세요. 조금 이상하게 들리지요? 여러분은 아마 부모님이나 선생님 또는 친구로부터 "좋은 쪽으로 생각해."라거나 "긍정적으로 생각해."라는 말을 들어 봤을 겁니다. 우리는 *더욱* 긍정적으로 생각할 필요는 있습니다만, *모든 것*을 긍정적으로 생각할 필요는 없습니다.

예를 들어, 여러분이 시험을 망쳤다고 생각해 봅시다. 정말 안타깝네요. 한편, 여러분은 부정적인 생각은 하고 싶지 않을 것입니다. '나는 진짜 바보 같아.'라거나 '난 잘하는 게 아무것도 없어.'라고 생각하는 건 전혀 도움이 되지 않습니다. 하지만 여러분은 아주 긍정적인 생각 또한 하고 싶지 않을 것입니다. '아싸! 내가 꼴찌다. 멋진데?'라고 생각하는 것도 역시 전혀 도움이 되지 않을 것입니다. 꼴찌는 정말 안 좋은 일이죠. 기분이 조금 가라앉는 것은 당연한 일입니다.

마치 시소처럼, 우리는 생각이 어느 한쪽 끝이 아닌 중간 어딘가에 있기를 원합니다. 우리는 마치 탐정이 하는 것처럼, 모든 사실을 충분히 생각하고 받아들여야 합니다. 더 균형 잡힌 생각은 이렇습니다. '음. 꼴찌라. 좋은 결과는 아니네. 하지만 난 더 잘할 수 있어. 다음 시험을 대비해서는 더 열심히 공부할 거야. 난 할 수 있어.'

다음 장에서는 두 명의 친구가 새로 등장합니다. 한 명은 생각의 덫에 빠진 정민이고, 다른 한 명은 균형 잡힌 생각을 하는 하늘이입니다. 정민이가 어떻게 균형 잡히지 않은 생각을 하게 되는지 보세요. 정민이는 항상 다양한 생각의 덫에 빠집니다. 다행히도, 하늘이는 그런 정민이를 도와주려 합니다.

생각의 덫을 하나씩 살펴보면서, 이를 어떻게 바꿀 수 있는지 알아봅시다.

활동 22

이분법적 사고

얼룩말은 무슨 색인가요? 맞아요! 얼룩말은 검은색과 흰색입니다. 이분법적 생각의 덫은 우리가 극단적으로 생각할 때 나타납니다. 즉, 무언가가 완전한 검은색이거나 또는 완전한 흰색이라고만 생각합니다. 이러한 생각의 문제점은 그 사이에 있는 다양한 회색들을 놓치게 만든다는 점입니다. 이 세상에는 검은색이나 흰색뿐만 아니라 다양한 색깔이 존재합니다.

우리가 하는 생각은 얼룩말의 무늬보다 훨씬 더 복잡합니다. 이분법적 생각의 덫에 빠지게 되면, 완벽하지 않으면 최악이라고 생각하게 됩니다. 자기 자신을 실패작이라고 생각하게 됩니다. 이는 '흑백논리'라고도 불립니다.

이제 정민이가 어떻게 이분법적 생각의 덫에 빠지게 되는지 읽어 봅시다.

생각의 덫에 빠진 정민이: "난 '시험해 보기' 도구를 사용해서 오늘 거의 하루 종일 손을 씻고 싶은 충동을 참았어. 근데 한 번은 도저히 참을 수가 없어서 손을 씻어 버렸어. 난 오늘 완전히 실패했어. 내가 뭐 때문에 연습을 한 걸까?"

정민이가 어떻게 흑백논리로 생각하는지 보이나요? 정민이는 거의 하루 종일 훌륭하게 강박증에 맞섰음에도 불구하고, 단 한 번 손을 씻었다는 이유로 자기 노력이 쓸모없었다고 생각하고 있습니다.

이번에는 하늘이가 어떻게 이 생각을 균형 있게 바꾸는지 한번 볼까요?

균형 잡힌 생각을 하는 하늘이: "나는 오늘 거의 하루 종일 강박증에 맞설 수 있었어. 스스로 대견한 일이야. 한 번은 못 참기도 했지만, 딱 한 번 못 참았다고 해서 실패한 건 아니야. 오늘 한 연습은 충분히 가치가 있었어. 내일 또 연습해야지."

이제 여러분의 차례예요!

정민이가 이분법적 생각의 덫에 빠지지 않도록 도와줄 수 있나요?

아래에 정민이와 하늘이가 있습니다. 하늘이 위에 빈 말풍선이 있는 것이 보이나요? 하늘이가 뭐라고 하면 정민이가 기운을 내고 더 균형 잡힌 생각을 할 수 있을까요? 한 번 말풍선에 적어 봅시다. 예를 들어, "너는 강박증에 맞설 수 있어. 너는 어떤 것에도 실패하지 않았어. 정민아 너는 오늘 정말 잘했고, 자신감을 가져도 돼."와 같은 말을 적어 볼 수 있습니다.

활동 23

'반드시'

누군가가 "이렇게 됐어야 됐는데."라고 말하는 것을 들어 본 적이 있나요? 이번에 설명할 생각의 덫은 이와 비슷합니다. '반드시'의 덫은 우리가 무언가에 대해 어떻게 되어야 한다는 엄격한 규칙을 만들 때 나타납니다.

이러한 생각의 문제점은, 우리가 원하는 대로 되지 않았을 때 짜증이 난다는 것입니다. 우리는 사실 그렇게 '하고 싶다.'라는 말을 '반드시 되어야 한다.'로 바꾸어 말하는 경우가 있습니다.

아래의 예시는 정민이가 어떻게 '반드시'의 덫에 빠지는지 보여 주고 있습니다.

생각의 덫에 빠진 정민이: "나는 하루에 최소 두 시간은 반드시 강박증에 맞서는 연습을 해야만 해. 그러지 않으면 실패할 거야."

정민이가 하루에 최소 두 시간은 연습해야만 한다는 규칙을 만들고 있는 것이 보이나요? 연습을 하려고 하는 건 정말 좋은 일입니다. 그러면 더 나아질 테니까요. 하지만 정민이는 스스로 특정한 시간은 연습하겠다고 정하면서, 자기가 만든 규칙에게 힘을 주고 있습니다. 여러분은 스스로 힘을 가지고 싶을 것입니다.

때로는, '반드시'라는 말 대신에 '하고 싶다.'로 말하는 것이 더 좋을 때가 있다는 것을 기억하세요. 단어를 바꾸는 것만으로도 큰 변화를 만들 수 있습니다.

이번에는 하늘이의 생각을 볼까요?

균형 잡힌 생각을 하는 하늘이: "나는 하루에 두 시간은 강박증에 맞서는 연습을 하고 싶어. 만약 두 시간을 못 채운다고 하더라도, 아예 안 하는 것보다는 훨씬 나아."

이제 여러분의 차례예요!

이제 여러분이 정민이를 도와줄 차례예요. 정민이가 '반드시'의 덫에 빠지지 않도록 도와주세요. 하늘이가 뭐라고 하면 정민이가 기운을 내고 더 균형 잡힌 생각을 할 수 있을까요? 한번 말풍선에 적어 봅시다.

| 정민 | 하늘 |

활동 24

라벨링

왜 옷이나 식품에는 라벨이 붙어 있을까요? 맞아요. 라벨은 그 물건이 무엇인지 알려 주기 위해 있습니다. 물건에 라벨을 붙이는 것을 '라벨링' 한다고 말합니다. 하지만 사람은 아주 복잡한 존재이기 때문에, 한두 단어로 어떤 사람을 표현할 수가 없습니다.

라벨링의 덫은 무언가 잘못된 것에 대하여 극단적이고 부정적이며 이상한 단어를 사용할 때 발생합니다. 이러한 생각의 문제점은 우리의 기분을 안 좋게 만든다는 것입니다. 또한, 이러한 생각은 긍정적이거나 도움이 되는 변화를 주지 못합니다.

아래의 예시는 정민이가 어떻게 라벨링의 덫에 빠지는지 보여 주고 있습니다.

생각의 덫에 빠진 정민이: '문을 잠갔다가 열었다가 계속 반복하는 것을 멈출 수가 없어. 너무 힘들고 답답해. 으, 난 진짜 이상한 것 같아.'

정민이가 스스로 '이상'하다고 라벨링 하는 것이 보이나요? 이건 자기 자신에게 말하기에는 너무 안 좋은 말이에요. 이렇게 생각하는 것이 강박증에 맞서는 데 도움이 될까요? 아마 아닐 것입니다. 오히려 더 '답답'한 마음이 들게 될 거에요.

같은 상황에서 하늘이는 어떻게 생각할까요?

균형 잡힌 생각을 하는 하늘이: '문을 잠갔다가 열었다가 계속 반복하는 것을 멈출 수가 없어. 이건 꽤 힘들고 답답해. 하지만 문을 잠갔다가 여는 것은 내 강박증 사다리의 아주 위쪽에 있고, 이건 힘든 게 당연한 거야. 인내심을 가지자. 내가 지금 답답하다고 해서, 이게 내가 이상하다거나 멍청하다는 걸 의미하는 건 아니야. 이건 그저 내가 강박증을 가지고 있다는 걸 의미할 뿐이야. 그리고 나는 지금 강박증에 맞서 열심히 연습하고 있어.'

이제 여러분의 차례예요!

다시 여러분의 차례입니다. 정민이가 라벨링의 덫에 빠지지 않도록 도와주세요. 하늘이가 뭐라고 하면 정민이가 기운을 내고 더 균형 잡힌 생각을 할 수 있을까요? 한번 말풍선에 적어 봅시다.

활동 25

정서적 추론

정서적 추론의 덫은 조금 복잡합니다. 하나씩 살펴볼까요? 정서라는 단어는 감정, 즉 여러분이 느끼는 기분을 말합니다. 추론이라는 단어는 우리가 무언가에 대해 왜 그렇게 생각하는지 설명하는 것을 의미합니다. 즉, 정서적 추론은 사실보다는 감정을 이용하여 무언가를 설명하는 것을 말합니다. 문제점은 인간의 감정은 항상 논리적인 것은 아니며 때로는 잘못된 경우도 있을 수 있다는 것입니다.

아래의 예시는 정민이가 어떻게 정서적 추론의 덫에 빠지는지 보여 주고 있습니다.

생각의 덫에 빠진 정민이: '나는 매일 밤 자기 전에 하는 침대 정리를 순서대로 하지 않으려고 엄청나게 노력하고 있어. 그런데 왠지 엄청 불안해. 그건 내가 극복할 수 없다는 걸 의미하는 것 같아. 그냥 포기하는 게 좋겠어.'

정민이는 자기가 불안한 감정을 느끼기 때문에, 벌써부터 강박증에 맞설 수 없다고 생각하고 있습니다.

하늘이는 다음과 같이 생각합니다.

균형 잡힌 생각을 하는 하늘이: '나는 매일 밤 자기 전에 하는 침대 정리를 순서대로 하지 않으려고 엄청나게 노력하고 있어. 그런데 왠지 엄청 불안해. 하지만 강박증에 맞서면 불안한 것은 당연해. 연습이 잘 되어 가고 있다는 뜻인 거야. 강박증에 맞서려고 할 때마다 항상 불안함을 느꼈지만, 결국에는 괜찮아졌어. 이건 내가 지금 생각하는 것만큼 나쁜 게 아니야. 거기다가, 대부분 나는 이런 두려움을 이겨 냈었어. 그러니까 내가 지금 아무리 불안함을 느낀다고 해도, 나는 이걸 할 수 있어. 난 포기하지 않을 거야. 난 할 수 있어.'

이제 여러분의 차례예요!

　이제 여러분은 어떻게 하는지 잘 알고 있습니다. 정민이가 정서적 추론의 덫에 빠지지 않도록 도와주세요. 하늘이가 뭐라고 하면 정민이가 기운을 내고 더 균형 잡힌 생각을 할 수 있을까요? 한번 말풍선에 적어 봅시다.

정민　　　　　　　　　　하늘

활동 26

망원경의 덫

망원경으로 물체를 보면 어떻게 될까요? 맞아요. 멀리 있는 물체가 크게 보입니다. 망원경의 덫은 우리가 무언가를 실제보다 훨씬 더 강한 힘을 가지도록 만들 때 나타납니다. 이때, 우리는 무언가를 실제보다 훨씬 더 나쁘게 생각합니다.

망원경을 잘못된 방법으로 본 적이 있나요? 망원경을 잘못된 방법으로 보면, 물체가 크게 보이는 대신 아주 작게 보입니다. 즉, 우리는 망원경의 덫을 이용하여 무언가를 실제보다 훨씬 더 약한 힘을 가지도록 만들 수 있습니다.

아래의 예시는 정민이가 어떻게 망원경의 덫에 빠지는지 보여 주고 있습니다.

생각의 덫에 빠진 정민이: '나는 오늘 무언가를 셀 때 꼭 숫자 셋에 맞춰야 한다는 생각에서 벗어날 수 없었어. 나는 절대로 나아지지 않을 거야. 나는 평생 강박증에서 벗어날 수 없을 거야. 이런 나를 아무도 친구가 되고 싶지 않을 거야. 나는 변변한 직업도 못 얻을 거고, 인생이 그냥 망한 거야. 그리고 난 절대로 행복해질 수 없어.'

정민이는 숫자 셋에 맞춰야 한다는 생각에서 벗어날 수 없었다는 이유로 평생 자신은 행복해질 수 없을 거라고 말하고 있습니다. 이것은 지나친 논리의 비약입니다.

하늘이는 망원경의 덫을 어떻게 이용하고 있을까요?

균형 잡힌 생각을 하는 하늘이: '나는 오늘 무언가를 셀 때 꼭 숫자 셋에 맞춰야 한다는 생각에서 벗어날 수 없었어. 정말 힘들었지만, 그건 내가 나아지지 않을 거라는 뜻은 아니야. 실제로, 난 이미 나아진 걸 경험했어. 처음에는 숫자 셋에 집착하는 것에서 몇 시간 동안이나 벗어날 수 없었어. 하지만 지금은 몇 분 안에 벗어날 수 있고, 어떤 때는 바로 벗어날 수 있기도 했어. 강박증 때문에 힘들긴 하지만, 나는 지금 옳은 길을 가고 있어.'

이제 여러분의 차례예요!

정민이를 도와줄 시간입니다. 정민이가 망원경의 덫에 빠지지 않도록 도와주세요. 하늘이가 뭐라고 하면 정민이가 기운을 내고 더 균형 잡힌 생각을 할 수 있을까요? 한번 말풍선에 적어 봅시다.

활동 27

독심술

혹시 여러분은 다른 사람의 마음을 읽을 수 있나요? 다른 사람의 마음을 알아내는 기술을 독심술이라고 합니다. 초능력자가 아닌 이상, 다른 사람들이 실제로 무슨 생각을 하는지 알 방법은 없을 것입니다. 독심술의 덫은 우리가 다른 사람이 생각하는 것을 백 퍼센트 안다고 생각할 때 나타납니다. 이 덫에 빠지면, 우리는 진실을 확인하지 않은 채 나쁜 쪽으로 결론을 짓고 맙니다. 독심술의 덫은 아마 우리가 제일 빠지기 쉬운 생각의 덫일 것입니다. 그러므로 아주 중요합니다.

아래의 예시는 정민이가 어떻게 독심술의 덫에 빠지는지 보여 주고 있습니다.

생각의 덫에 빠진 정민이: '나는 지금 리모컨으로 전원을 켰다 껐다 하는 걸 그만두지 못하겠어. 엄마가 다른 방에서 웃는 소리가 들려. 엄마는 아마 나를 비웃는 걸 거야. 엄마는 내 강박증이 진짜 이상하다고 생각해. 엄마는 나도 이상하다고 생각하는 게 확실해.'

정민이는 엄마가 웃는 소리를 듣고, 자기를 비웃는 것이라고 생각하고 있습니다. 또한, 정민이는 엄마가 자기를 이상하다고 생각한다고 확신하고 있습니다. 정말 안타깝지요?

하늘이는 어떻게 생각할까요?

균형 잡힌 생각을 하는 하늘이: '나는 지금 리모컨으로 전원을 켰다 껐다 하는 걸 그만두지 못하겠어. 엄마가 다른 방에서 웃는 소리가 들려. 엄마는 지금 친구들과 얘기를 나누는 중이야. 엄마 친구들은 원래 항상 웃으면서 얘기를 해. 엄마는 그냥 친구들과 재미있게 얘기를 나누는 거야. 엄마가 나를 비웃는 게 아니라는 걸 확실히 알아.'

이제 여러분의 차례예요!

정민이는 도움이 필요합니다. 정민이가 독심술의 덫에 빠지지 않도록 도와주세요. 하늘이가 뭐라고 하면 정민이가 기운을 내고 더 균형 잡힌 생각을 할 수 있을까요? 한번 말풍선에 적어 봅시다.

활동 28

예언

혹시 여러분은 미래를 알 수 있나요? 초능력자가 아닌 이상, 미래에 무슨 일이 일어나는지 알 방법은 없을 것입니다. 예언의 덫은 우리가 미래를 안다고 생각할 때 나타납니다. 때때로 우리는 미래를 알 수 있는 방법이 없는데도 불구하고, 앞으로 나쁜 일이 벌어질 것이라고 생각하기도 합니다.

아래의 예시는 정민이가 어떻게 예언의 덫에 빠지는지 보여 주고 있습니다.

생각의 덫에 빠진 정민이: '내가 다른 사람을 해치는 무서운 생각이 자꾸 머릿속에 떠올라. 그만 떠올랐으면 좋겠어. 하지만 난 계속 이런 생각을 가지고 살아야 할 거야. 내 강박증은 절대로 나아지지 않을 거야.'

정민이가 자기 강박증이 절대로 나아지지 않을 것이라고 확신하는 것이 보이나요? 정민이는 어떤 근거로 그런 생각을 하였나요? 또한, 어떻게 정민이는 그것을 확신할 수 있나요?

하늘이는 어떻게 생각하는지 봅시다.

균형 잡힌 생각을 하는 하늘이: '내가 다른 사람을 해치는 무서운 생각이 자꾸 머릿속에 떠올라. 그만 떠올랐으면 좋겠어. 그래서 나는 연습을 하고 있어. 내가 지금 강박증이 있다고 해서, 앞으로 내 강박증이 나아지지 못한다는 뜻은 아니야. 이런 무서운 생각들은 내 강박증 사다리의 위쪽에 있었지만, 지금은 꽤 아래로 내려왔어. 그러니까 내 강박증이 나아지지 못한다는 건 사실이 아니야. 나는 지금 잘하고 있고, 앞으로도 계속 노력할 거야.'

이제 여러분의 차례예요!

다시 여러분의 차례입니다. 정민이가 예언의 덫에 빠지지 않도록 도와주세요. 하늘이가 뭐라고 하면 정민이가 기운을 내고 더 균형 잡힌 생각을 할 수 있을까요? 한번 말풍선에 적어 봅시다.

활동 29

'근데'

'근데'의 덫은 우리가 좋은 일을 그다지 중요하게 평가하지 않았을 때 나타납니다. 우리는 좋은 일이 일어났음에도 불구하고, 종종 그게 그렇게 좋지 않다고 생각합니다. 우리는 종종 좋은 일은 '빼먹고' 생각합니다.

아래의 예시는 정민이가 어떻게 '근데'의 덫에 빠지는지 보여 주고 있습니다.

생각의 덫에 빠진 정민이: '할아버지는 내가 아주 많이 나아졌다고 말씀하셨어. 할아버지는 내가 예전에는 하루에 오십 번 넘게 손을 씻었지만, 이제는 열 번 정도로 줄었다고 말씀하셨어. 근데 뭐? 열 번은 여전히 너무 많아. 게다가 내 강박증 중에는 아직 나아지지 않은 것도 아주 많아.'

정민이는 자기가 이룬 것보다 이루지 못한 것에 더 초점을 맞추고 있습니다.

하늘이는 어떻게 생각하는지 볼까요?

균형 잡힌 생각을 하는 하늘이: '할아버지는 내가 아주 많이 나아졌다고 말씀하셨어. 할아버지는 내가 예전에는 하루에 오십 번 넘게 손을 씻었지만, 이제는 열 번 정도로 줄었다고 말씀하셨어. 우와! 처음보다 팔십 퍼센트나 줄었어! 이건 스스로 자랑스러워할 만한 성과야. 내 강박증 중에는 아직 연습해야 하는 부분이 많이 남아 있는 걸 알고 있어. 하지만 나는 이제 연습할수록 쉬워진다는 걸 몸소 체험했어!'

이제 여러분의 차례예요!

여러분의 도움이 필요합니다. 정민이가 '근데'의 덫에 빠지지 않도록 도와주세요. 하늘이가 뭐라고 하면 정민이가 기운을 내고 더 균형 잡힌 생각을 할 수 있을까요? 한번 말풍선에 적어 봅시다.

활동 30

잉크 한 방울

물이 들어 있는 비커에 잉크 한 방울을 넣고 잘 저으면 어떻게 될까요? 맞아요. 깨끗한 물이 점점 어두워질 거예요. 잉크 한 방울이 물의 색을 바꾸어 버리듯이, 잉크의 덫은 어떤 한 가지가 다른 모든 것을 보는 방식을 바꿀 때 나타납니다. 나쁜 일이 한 가지 일어나면, 우리는 모든 것이 나쁘다고 생각합니다.

아래의 예시는 정민이가 어떻게 잉크의 덫에 빠지는지 보여 주고 있습니다.

생각의 덫에 빠진 정민이: '지난 일주일 동안 강박증에 대해 별다른 문제없이 지냈었어. 하지만 오늘 엄마한테 계속해서 '그거 확실해요?'라고 물어봤어. 내 예전 강박행동을 해 버린 거야. 내 강박증은 예전과 다를 바 없이 여전히 나빠. 처음으로 되돌아온 거야. 이번 주는 최악이야.'

정민이는 오늘 하루 강박행동을 다시 했다는 이유만으로 이번 주가 최악이라고 생각하고 있습니다.

하늘이는 어떻게 생각하는지 볼까요?

균형 잡힌 생각을 하는 하늘이: "난 일주일 동안 강박증에 대해 별다른 문제없이 지냈었어. 하지만 오늘 엄마한테 계속해서 '그거 확실해요?'라고 물어봤어. 이건 내 강박행동 중 하나야. 강박증이 다시 돌아온 것 같은 느낌도 들지만, 난 여기에 어떻게 맞서면 되는지 알고 있어. 오늘 조금 힘들었다고 해서, 이번 주가 모두 망해 버린 건 아니야. 난 이번 주 동안 강박증에 대해 별다른 문제없이 지냈었고, 이건 축하할 만한 일이야."

이제 여러분의 차례예요!

여러분의 도움이 필요합니다. 정민이가 잉크의 덫에 빠지지 않도록 도와주세요. 하늘이가 뭐라고 하면 정민이가 기운을 내고 더 균형 잡힌 생각을 할 수 있을까요? 한번 말풍선에 적어 봅시다.

활동 31

책임

때때로, 우리는 잘못을 저지르기도 하며, 그래서 다른 사람에게 사과해야 할 때가 있습니다. 하지만, 모든 것이 우리의 잘못인 것은 아닙니다. 책임의 덫은 우리가 저지르지 않은 잘못에 대해서도 책임을 지려고 할 때 나타납니다. 이 책임의 덫의 문제점은 우리가 우리와 아무런 상관이 없는 나쁜 일의 원인이라고 생각하게 만든다는 점입니다.

아래의 예시는 정민이가 어떻게 책임의 덫에 빠지는지 보여 주고 있습니다.

생각의 덫에 빠진 정민이: '다른 방에서 부모님이 다투는 소리가 들려. 그건 내가 매일 부모님한테 질문을 하고, 숫자를 세는 데 몰두해서 부모님이 스트레스를 받았기 때문인 게 확실해. 난 강박증이 있어. 그러니까 부모님이 다투는 건 나 때문인 거야.'

정민이는 부모님의 다툼의 원인이 자기 자신이라고 비난하고 있습니다. 실제로 정민이는 부모님이 다투는 이유에 대해 알지 못하지만, 일단 자기 자신에게 책임이 있다고 생각하고 있습니다.

하늘이는 어떻게 생각하는지 볼까요?

균형 잡힌 생각을 하는 하늘이: '다른 방에서 부모님이 다투는 소리가 들려. 부모님이 왜 다투는지 잘 모르겠어. 하지만 부모님은 한 번도 내 강박증 때문에 짜증 난다고 말한 적이 없어. 그러니까 그것 때문은 아니야. 부모님도 의견이 안 맞으면 가끔 다툴 수가 있는 거야.'

이제 여러분의 차례예요!

정민이는 이번에도 여러분의 도움이 필요합니다. 정민이가 책임의 덫에 빠지지 않도록 도와주세요. 하늘이가 뭐라고 하면 정민이가 기운을 내고 더 균형 잡힌 생각을 할 수 있을까요? 한번 말풍선에 적어 봅시다.

이제 여러분은 생각의 덫 전문가입니다!

지금까지 정말 수고가 많았어요. 이제 여러분은 생각의 덫에 대해 아주 잘 알게 되었을 거예요. 여러분의 기분에 변화가 있을 때, 생각의 덫 리스트를 다시 한번 살펴보세요. 여러분이 하는 생각 중에 생각의 덫에 해당하는 것이 하나 이상 있나요? 만약 그렇다면, 더 균형 잡힌 생각을 하도록 노력해 보세요.

부정적으로 생각하거나 긍정적으로 생각하는 게 목표가 아님을 기억하세요. 그 중간 정도의 생각을 하는 것이 목표입니다. 마치, 탐정처럼 그저 사실만을 보세요.

더 연습할수록, 더욱 더 쉬워질 것입니다.

활동 32

생각의 덫에 대해 더 알아봅시다

아래의 표는 날짜/시간, 행동/사건, 감정, 생각, 그리고 덫으로 나뉘어 있습니다. 앞으로 며칠간, 여러분의 감정에 더 각별히 주의를 기울여 보세요. 그 어떤 감정이라도 괜찮습니다. 걱정이나 불안, 슬픔 모두 괜찮습니다.

여러분의 감정이 바뀐 것을 알아차렸을 때, 다음을 적어 봅시다.

1. **날짜와 시간**

2. **행동과 사건 (어디에 있었는지 또는 무슨 일이 일어났는지)**

3. **여러분이 느낀 것**

4. **여러분이 생각한 것**

5. **만약 생각의 덫에 빠졌다면, 그 생각의 덫의 이름**

감정이나 생각, 그리고 생각의 덫이 여러 개였다면 모두 적어 봅시다. 기억하세요. 여러분의 생각과 감정, 그리고 행동은 모두 연결되어 있습니다.

표를 채워 가면서, 어떤 특정한 패턴이 있는지 살펴봅시다. 어떤 생각의 덫이 계속 나타나나요? 그리고 하늘이처럼 균형 잡힌 생각을 하도록 노력해 봅시다. 예시를 보고 한번 따라 적어 봅시다.

날짜/시간	행동/사건	감정	생각	생각의 덫
8월 8일 오후 3시	축구시합에서 짐	좌절, 슬픔	'진 건 전부 나 때문이야. 나는 최악의 골키퍼야.'	책임 라벨링
8월 9일 오전 9시	시험 볼 때 정답을 지웠다 썼다를 계속 반복함	스트레스 받음 좌절	'난 진짜 이상해. 시간을 전부 낭비해 버렸어. 시험도 망했을 거야.'	라벨링 예언

명확하고, 명확하고 또 명확해지세요!

지금까지 생각의 덫에 대하여 배웠습니다. 이제 여러분은 필요한 기술을 때에 맞게 사용할 수 있을 것입니다.

강박증에 맞서는 것은 꽤 어렵습니다. 이때 여러분이 기억해야 할 중요한 팁이 있습니다. 무언가 안 좋거나 부정적인 일이 생겼을 경우, 명확해지라는 것입니다. 예를 들어, 여러분이 시험에서 꼴찌를 했다면, '난 실패자야.'라고 생각하지 말고 그저 '난 시험에서 꼴찌를 했어.'라고 생각하세요. 만약, 농구시합에서 졌다면, '난 운동을 정말 못해.'라고 생각하지 말고 그저 '난 농구시합에서 졌어.'라고 생각하세요.

여러분의 강박증도 마찬가지입니다. 만약 어떤 강박행동을 하는 것에서 벗어날 수 없을 때, 스스로 '이 강박행동은 이상해.'라고 생각하는 것은 괜찮습니다. 그렇지만 그렇다고 해서 여러분이 이상한 것은 아닙니다. 머릿속에 갑자기 이상한 강박사고가 떠올랐다면, 그 강박사고가 이상하다고 생각하는 것은 괜찮습니다. 하지만 그렇다고 해서 여러분이 이상한 것은 아닙니다.

명확하고, 명확하고 또 명확해지는 것을 잊지 마세요!

자기 자신에게 친절해 지세요

강박증이 있으면 힘듭니다. 또한, 강박증에 맞서는 데에는 많은 연습이 필요합니다. 걱정과 의심, 반복 그리고 '어쩌면'이라는 생각이 여러분을 힘들게 합니다. 때때로, 아동들은 자기 자신에게 못되게 굴기도 합니다. 자기 자신에게 못되게 구는지 주의하여 살펴보고, 이를 아는 것은 아주 중요합니다.

다음은 한별이의 이야기를 읽어 봅시다. 한별이는 강박증으로 고생하는 자기 자신을 보며 좌절하고 있습니다.

한별이의 이야기

한별이는 강박증이 있는 10살 아동입니다. 한별이는 강박증 때문에 문을 자주 확인해야 합니다. 또한, 한별이는 가끔 '제대로' 되었다고 느낄 때까지 문을 열고 닫는 것을 계속 반복해야 합니다. 옷장 문은 한별이의 강박증 사다리에서 가장 아래쪽에 있습니다. 한별이는 한 번만에 옷장 문을 닫는 것을 성공하고, 옷장에서 떠났습니다. 이제 한별이는 자기 방문 앞에 있습니다. 자기 방문은 강박증 사다리에서 조금 위에 있습니다. 한별이는 일단 방문을 딱 한 번만 닫아 보았지만, 왠지 머릿속에서 무서운 생각이 떠올랐습니다. 그래도 방문을 다시 열지 않으려고 노력했습니다. 너무 힘들었습니다. 결국, 한별이는 다시 문을 열고 닫는 것을 반복했습니다. 한별이는 좌절하기 시작했습니다. 그리고 스스로 이렇게 생각했습니다. "그냥 못 멈추겠어. 강박증이 너무 싫어. 나는 그냥 문을 닫고 떠나는 것도 못해. 나는 바보야. 나는 이상해. 나는 절대 나아지지 못할 거야!"

한별이에게 공감이 돼요

한별이와 같은 생각을 해 본 경험이 있나요? 한별이는 강박증 사다리를 오르려고 열심히 노력하였지만, 자기 방문을 열고 닫는 것에서 벗어나지 못하고 있습니다. 한별이가 어떤 생각의 덫에 빠졌는지 알겠나요? 맞아요! 라벨링의 덫('나는 이상해.')과 예언의 덫('나는 절대 나아지지 못할 거야!')에 빠져 있습니다.

한별이가 만약 단짝 친구인 누리에게 위와 같은 방식으로 이야기한다면 어떨까요?

한별이와 누리

한별이와 누리는 서로 단짝 친구입니다. 두 사람은 언제나 함께 놀러 다니고, 점심도 함께 먹으며, 같이 게임도 합니다. 어느 날, 학교가 끝나고 한별이와 누리는 함께 수학 시험공부를 하고 있었습니다. 두 사람은 이해가 안 되는 것을 서로 설명해 주며 함께 공부하곤 했습니다. 누리는 나눗셈 문제 중 이해가 안 되는 게 있어 한별이에게 물어보았습니다. "야, 나 이거 잘 모르겠는데. 좀 알려 줄 수 있어?" 한별이는 대답했습니다. "이것도 이해 못 해? 이거 엄청 쉬운데. 그냥 나누기만 하면 되잖아. 넌 바보야. 넌 패배자야. 내일 시험에서 꼴찌 할 걸?"

한별이와 누리가 앞으로도 계속 친구 관계를 유지할 수 있을까요? 아마 그렇지 못할 것입니다. 한별이는 누리에게 정말 못되게 굴고 있습니다. 여러분은 단짝 친구에게 이렇게 대하나요? 단짝 친구에게 소리를 지르거나, 모욕을 주거나, 시험에서 꼴찌를 할 거라고 말하나요? 당연히 아닐 것입니다. 친구로서 여러분은 단짝 친구에게 힘이 되어 주고 싶을 것이며, 참을성 있고 친절하게 친구를 대할 것입니다. 친구에게 다정하게 말을 걸고, 응원해 줄 것입니다. 친구가 잘못되는 것보다는 잘되기를 바랄 것입니다. 여러분은 자기 자신도 이렇게 대해야 합니다.

여러분이 자기 자신에게 친절하게 굴고 있는지 확인해 보는 방법이 있습니다. 여러분이 친구에게 하지 못할 말이라면, 자기 자신에게도 그렇게 말해서는 안 됩니다.

한별이가 자기 자신에게 조금 더 친절하게 굴었다면, 어떻게 되었을지 한번 볼까요?

균형 잡힌 생각을 하는 한별이

"정말 좌절감을 느껴. 하지만 내 방 방문은 사다리의 위쪽에 있다는 걸 기억해야 해. 그러니까 어려운 게 당연한 거야. 오늘 내가 원하는 대로 하지 못했다고 해서, 내가 앞으로도 잘하지 못할 거라는 뜻은 아니야. 도로에서 과속방지턱을 만난 것과 같은 거야. 예전에 피아노를 배웠을 때도 정말 힘들었었어. 특히 어려운 곡을 배울 때 정말 힘들었었지. 하지만, 계속 연습하고 연습할수록, 더 쉬워졌었어. 그리고 어느 날 내가 다른 애들보다 더 잘 치게 됐었어. 강박증도 마찬가지야. 좋은 날이 있으면, 힘든 날도 있는 거야. 그냥 계속 연습해야겠어. 난 할 수 있어."

한별이가 자기 자신에게 조금 더 친절하게 굴고 있는 것이 보이나요? 한별이는 자기 자신에게 강박증에 맞서는 일이 어렵다는 것을 상기시키고 있습니다. 그리고 과거에 많은 연습을 필요로 했던 다른 어려웠던 일에 대해서도 생각하고 있습니다. 한별이는 균형적인 생각을 하며, 자기 자신을 응원하기 시작했습니다. 여러분이 친구에게 하지 못할 말이라면, 자기 자신에게도 그렇게 말해서는 안 된다는 것을 기억하세요. 이를 주의하며 자기 자신에게 친절하게 대해 봅시다.

활동 33

작은 친절이 오래간다

아래는 많은 생각 거품에 둘러싸인 한나의 모습이 그려져 있습니다. 한나는 아주 힘든 시간을 보내고 있습니다. 한나는 꽤 불안해하고 있으며, 아주 부정적인 생각을 하고 있습니다. 때때로 한나는 자기 자신에게 아주 못되게 굽니다.

한나를 구해 줍시다. 각각의 생각 거품 옆에 빈 거품이 있는 게 보이나요? 여러분이라면 한나에게 뭐라고 말할지 생각해 보세요. 어떻게 한나를 격려할 수 있을까요? 어떻게 하면 한나가 더 균형 잡힌 생각을 하고 자신에게 친절해질 수 있을까요? 여러분의 대답을 빈 거품에 적어 봅시다.

강박증 때문에 우울해질 때

강박증이 있으면 아주, 아주 힘들 수 있습니다. 불편한 생각이 갑자기 머리에 떠오르기도 하고, 무언가를 그만두지 못하고 계속 반복해야 할 때도 있습니다. 이럴 때, 강박증은 절대로 오르지 못할 커다란 산처럼 느껴질 수 있습니다. 그리고 강박증에 맞서는 것은 아주 피곤할 수 있습니다. 때로는 너무 감당하기 벅차다는 생각이 들 수 있습니다. 때로는 그냥 포기하고 싶다는 생각이 들기도 하며, 또한 때로는 그냥 우울해지기도 합니다.

우울해져도 괜찮습니다.

때로 우리가 우울해지는 이유는, 슬픈 생각을 하고 있기 때문입니다. 그 어떤 생각의 덫에도 빠지지 않도록 자기 자신을 단단히 잡으세요! 여러분은 이미 많은 연습을 통해, 생각의 덫에서 빠지지 않고 균형 잡힌 생각을 하는 방법을 배웠습니다. 또한, 우울할 때 도움이 되는 다른 활동들이 아래에 적혀 있습니다.

우울 안경 벗기: 여러분은 이미 우울 안경을 벗을 준비가 되어 있습니다. 우리가 우울한 이유는, 대체로 우리가 모든 것을 부정적으로 보고 있기 때문입니다. 마치 모든 것을 나쁘게 보여 주는 커다란 우울 안경을 쓰고 있는 것과 같습니다. 여러분이 기분이 안 좋을 때, 어떤 생각을 하고 있는지 알아채려고 해 보세요. 그러한 생각을 어떻게 더 균형 있게 바꿀 수 있을까요? 기억하세요. 모든 것을 멋지게 보여 주는 반짝이 안경을 쓰는 것이 목표가 아닙니다. 그저 우울 안경을 벗고, 있는 것을 그대로 바라보세요.

운동하기: 이건 아주 중요합니다. 몸을 움직이면 기분이 나아지는 데 큰 도움이 됩니다. 여러분이 운동을 했을 때, 하기 전보다 기분이 안 좋아져서 돌아온 적이 있나요? 아마 별로 없을 것입니다. 일주일에 적어도 세 번, 20분씩 운동을 하려고 해 봅시다. 기분이 나아지는 것을 느낄 수 있을 것입니다.

활동하기: 활동이 충분하지 않은 경우에도 우울해질 수 있습니다. 몇 주 동안 어두운 방 안에만 틀어박혀서 친구도 만나지 않고, 재미있는 일을 하지 않는다면 기분이 좋을 수 없을 것입니다. 여러분이 즐길 수 있는 활동을 리스트로 만들어 봅시다. 그리고 그중에서 아무리 작은 일이라도 좋으니, 매일 몇 개씩 해 봅시다.

건강하게 먹기: 여러분이 먹는 음식은 여러분의 기분에 큰 영향을 줍니다. 인스턴트식품을 줄이고, 균형 잡힌 식사를 하도록 노력해 봅시다.

도움 청하기: 힘들 때, 다른 사람에게 도움을 요청하는 것은 아주 중요합니다. 필요하다면 선생님이나 친구들, 가족에게 도움을 요청하세요. 다른 사람들에게 여러분의 기분이 어떤지 굳이 얘기하지 않아도 괜찮습니다. 그저 다른 사람들과 시간을 보내는 것도 아주 도움이 됩니다.

어떻게 하면 긴장을 풀고 현재에 집중할 수 있을까

여러분은 지금까지 어떻게 하면 더 균형 잡힌 생각을 할 수 있는지에 대해서 다양하게 배웠습니다. 여러분은 앞으로 불안할 때나 화가 날 때, 스트레스 받을 때 등 언제든지 필요할 때 이 도구들을 사용하여, 스스로 마음을 다잡을 수 있을 것입니다.

기억하세요. 지금까지 배운 것들이 모두 그랬듯이, 이는 연습이 필요합니다. 지금 당장 좋아지지 않는다고 해서 포기하지 마세요. 스포츠나 악기를 배우는 것처럼, 계속 꾸준히 연습하는 것이 중요합니다. 계속 힘을 내 봅시다!

활동 34

닻 내리기

혹시 여러분은 타임머신을 가지고 있나요? 즉, 예전으로 돌아가서 과거를 바꿀 수 있나요? 아니면, 미래를 보는 수정구슬이 있어서 앞으로 생길 일을 미리 알 수 있나요?

만약 가능하다면 재미있겠지만, 과거로 돌아가는 것은 불가능합니다. 또한, 미래로 떠나는 것도 불가능합니다.

과거로 돌아가는 것도 미래로 떠나는 것도 불가능하지만, 여러분의 마음은 때때로 '답답'할 때가 있습니다. 과거에 했더라면 좋았을 일, 하지 않았더라면 좋았을 일에 대해 사로잡혀 마음이 '답답'해지기도 하고, 미래에 일어났으면 하는 일, 일어나지 않았으면 하는 일에 대해 사로잡혀 마음이 '답답'해지기도 합니다. 이렇게 마음이 '답답'해질 때면, 여러분은 대개 슬프거나 불안합니다.

하지만 앞서 말했듯이, 세상에는 타임머신이나 마법 수정구슬 같은 것은 없습니다. 과거나 미래로 가려는 노력해 봤자, 속상하기만 할 뿐입니다. 과거를 바꿀 수도 없고 미래를 미리 알 수도 없다면, 우리는 뭘 하면 좋을까요?

우리는 현재, 즉 지금 이 순간을 아주 잘 보내는 방법을 연습할 것입니다. 이는 여러분 주위에서, 그리고 내면에서 벌어지는 모든 일을 그저 바라보며 관찰한다는 뜻입니다.

지금 현재에 집중하세요. 이때, 무언가를 판단하려 하지 마세요. 즉, 어떤 것은 여기 있어야 한다는 말도 하지 말고, 여기 있으면 안 된다는 말도 하지 마세요. 여기서 어떤 것은 생각과 감정, 그리고 들려오는 소리나 보이는 물체 등 모든 것을 포함합니다. (힌트: 여러분은 이미 '관찰자' 도구를 통해서 이를 조금 연습한 적이 있습니다.)

배에서 닻이 어떤 역할을 하는지 아나요? 맞아요! 닻은 배가 어디로 움직이지 못하도록 고정하는 역할을 합니다. 그렇다면 사람에게 닻은 어떤 역할을 할까요? 배와 마찬가지입니다. 때로는, 사람의 마음은 폭풍과 같은 상태가 되어, 심각한 걱정, 두려움, 슬픔, 분노로 가득 차 있을 때가 있습니다.

이때, 이 폭풍에 맞서려고 하지 마세요. 폭풍은 여기 있어서는 안 된다는 말을 하지도 말고, 떠나보내려고 하지도 마세요. 그 대신, 닻을 내려서 여러분 스스로를 고정시켜 보세요. 그리고 그저 관찰하세요. 폭풍이 여러분을 흔들도록 내버려 두지 마세요. 결국, 폭풍은 떠날 것입니다.

스스로 닻을 내리는 방법은 여러 가지가 있습니다. 쉬운 방법 중 하나는 여러분의 감각을 이용하는 것입니다. 한번 해 볼까요?

먼저, 여러분의 방 안에 무엇이 보이나요? 사람이 있을 수도 있고, 식물이나 벽에 그려진 그림 같은 것이 있을 수도 있어요. 몇 가지를 생각해 봅시다.

이제 눈을 감아 봅시다. 그리고 소리에 집중해 봅시다. 방에서 어떤 소리가 들리나요? 누군가가 얘기하는 소리가 들릴 수도 있고, 여러분이 숨 쉬는 소리가 들릴 수도 있어요. 또는 기계가 돌아가는 소리나 새가 지저귀는 소리가 들릴 수도 있고요. 어떤 소리든지 몇 가지 적어 봅시다.

이번에는 여러분의 몸에 집중해 봅시다. 여러분의 손에서, 몸에서, 또는 몸 안쪽에서 무엇이 느껴지나요? 여러분 근처에 있는 물건이 느껴질 수도 있고, 또는 여러분의 발이 땅바닥에 단단하게 닿는 느낌이 느껴질 수도 있어요. 여러분 몸 위에 걸친 옷이나 가슴 속에서 뛰고 있는 심장이 느껴질 수도 있습니다. 무엇이 느껴지나요? 몇 가지 나열해 봅시다.

마지막으로, 방에서 어떤 냄새가 느껴지나요? 만약 그렇다면, 느껴지는 냄새를 적어 봅시다.

출항해 봅시다!

여러분이 바다 위에 있는 배라고 상상해 봅시다. 눈앞에서 폭풍이 일고 있습니다. 어두운 구름이 뭉게뭉게 피어오르고, 찢어질 듯한 천둥소리가 들립니다. 거친 파도가 휘몰아치는, 그야말로 폭풍입니다. 위에 있는 구름과 번개, 파도 그림 안에 여러분의 걱정거리나 부정적인 감정을 적어 봅시다.

이번에는 그림 속에 있는 커다란 닻을 찾아보세요. 닻은 여러분을 안정시킬 것입니다. 방금 배운 닻 내리기 기술을 한번 연습해 봅시다. 우선, 편안한 장소를 찾고, 편한 마음으로 앉아 봅시다. 그리고 심호흡을 몇 번 해 봅시다. 자, 방에서 무엇이 보이나요? 천천히 대답하세요. 주위를 여유롭게 둘러보세요. 여러분이 평소에는 눈치채지 못할 만한 것을 찾아보세요. 최소한 다섯 가지를 나열해 봅시다.

이번에는 눈을 감아 보세요. 들리는 것을 모두 의식해 보세요. 천천히 시간을 들여, 아주 작은 소리까지 들어 보세요.

계속 눈을 감은 채로, 무엇이 느껴지는지 찾아보세요. 발끝부터 머리까지 천천히 살펴보세요. 어떤 감정이든 긴장감이든 질감이든 전부 찾아보세요. 마지막으로 크게 숨을 들이쉬어 보세요. 어떤 냄새가 나나요? 만약 그렇다면, 그 냄새를 한번 표현해 보세요. 만약 어떤 냄새도 맡을 수 없다면, 다시 크게 숨을 들이쉬면서 어떻게 폐가 풍선처럼 부풀어 오르는지 느껴 보세요.

그리고 천천히 눈을 떠 봅시다.

활동 35

심호흡하기

이번에 여러분을 도울 새로운 도구는 숨쉬기입니다. 이 숨쉬기 도구는 언제나 쓸 수 있습니다. 숨을 천천히 쉬는 것에 집중하면 몸을 진정시키는 데 도움이 됩니다.

이를 위해, 숨을 천천히 들이쉬면서 배를 풍선처럼 부풀려 보세요. 이때, 한 손은 가슴 위에, 또 다른 한 손은 배 위에 두면 좋습니다. 평소에 숨 쉴 때와는 다르게, 심호흡을 할 때는 가슴 위에 있는 손보다 배 위에 있는 손이 더 앞으로 나와야 합니다.

연습해 봅시다!

우선, 입으로 모든 숨을 내뱉어 봅시다. 그다음, 천천히 그리고 깊게 코를 통해 숨을 들이 쉬어 봅니다. 이렇게 하고 7초 정도 기다려 보세요. 그리고 천천히 입으로 숨을 내뱉습니다. 5초에서 8초간 내뱉으세요. 이때, 모든 숨을 내뱉도록 하세요. 이걸 반복합니다. 숨을 내뱉는 시간은 숨을 들이쉬는 시간보다 약 두 배 정도 길어야 합니다.

이렇게 심호흡을 하면, 이런저런 생각이 들 수 있습니다. 괜찮습니다. 그저 여러분의 생각을 관찰해 보세요. 그리고 다시 호흡에 집중하려고 해 보세요. 생각은 그저 하늘을 가로질러 떠다니는 구름과 같다고 상상해 보세요. 그리고 다시 호흡에 집중하려고 해 보세요.

활동 36

근육 조이기

　이번에 여러분을 도울 새로운 도구는 각 부위별 근육을 조였다가 다시 풀기입니다. 발가락부터 시작하여 점점 몸을 올라가며 얼굴까지 해 볼 것입니다. 앞으로 각 부위별 근육을 5초에서 10초간 조이고, 그다음 풀어 주는 연습을 할 것입니다.

　어디서나 사용할 수 있다는 것이 이 도구의 장점입니다. 익숙해지면, 몸의 모든 근육을 한 번에 긴장시켰다가 다시 푸는 것을 반복할 수 있습니다. 아니면 그냥 발가락이나 종아리, 배나 손가락 등 몇몇 부위에만 해 봐도 괜찮습니다. 아무도 눈치 채지 못할 거예요!

연습해 봅시다!

우선, 아무에게도 방해받지 않을 장소를 찾아보세요. 편한 의자나 소파도 좋습니다. 발가락부터 시작해 봅시다. 5초에서 10초 동안 발가락에 힘을 주고 꽉 말아 보세요. 그다음, 천천히 풀어 봅시다. 발가락에 긴장이 풀리면서 따뜻한 감각이 느껴질 것입니다.

이제, 두 다리를 쭉 들어 올리고 동시에 양 무릎을 눌러 보세요. 몇 초간 그 긴장을 유지하세요. 그리고 풀어 보세요.

이번에는 배에 힘을 줘 보세요. 여러분의 배를 등 쪽을 향해 당기고 있다고 상상하면서 해 보세요. 힘을 주어 유지한 뒤에, 풀어 보세요. 이제 가슴으로 이동해 봅니다. 숨을 크고 길게 들이쉬어서 배를 볼록하게 만들어 10초 동안 유지해 보세요.

다음에는 양손에 힘을 주고 주먹을 하나씩 꽉 쥐어 보세요. 몇 초간 그 상태를 유지하고, 주먹을 아주 천천히 하나씩 펴 보면서 손끝을 떠나는 온기와 긴장감에 집중해 보세요. 이제 목의 차례입니다. 머리를 뒤로 젖히면서 등을 활처럼 구부리면 가슴이 볼록해질 것입니다. 그 상태를 유지했다가 다시 힘을 빼세요.

이제, 최대한 어깨를 위로 올려 보세요. 어깨가 귀에 닿으려고 할 만큼 위로 올려보세요. 최대한 어깨를 올린 상태를 몇 초간 유지하고, 천천히 힘을 빼세요.

마지막으로, 얼굴을 해 봅시다. 눈을 꼭 감고, 이를 악 물어 보세요. 입술을 오므리고, 턱을 아래로 향하게 하세요. 이렇게 모든 근육에 힘을 주어 그 상태를 유지하고, 다시 힘을 빼세요.

집중할 수 없을 때, 몸의 씰룩임이 멈추지 않을 때

사람은 누구나 집중하기 힘들 때가 있습니다. 그중에서도 강박증이 있는 아동은 이 때문에 정말 힘들어하는 경우가 있습니다. 이러한 아동들은 수업에 집중하기 힘들어하기도 합니다. 또는, 자기가 말할 타이밍을 잘 재지 못하며 다른 사람의 말을 계속 듣는 것을 힘들어하여 중간에 계속 끊기도 합니다. 이러한 아동들은 장시간 동안 지나치게 활동적일 수 있습니다. 가만히 앉아 있는 것을 힘들어하기도 하며, 무언가 잘 까먹는 것 같기도 합니다.

또한, 강박증이 있는 아동 중 일부는 때로 갑자기 '경련'을 일으키는 것처럼 보이는 행동을 보이기도 합니다. 예를 들어, 눈을 찡그리거나 자기 머리를 때리기도 합니다. 또는, 코를 씰룩이거나 어깨를 움직이기도 합니다. 어떤 아동들은 목을 가다듬는 소리나, 쿵쿵거리는 소리 혹은 끼익하는 소리를 내기도 합니다.

여기 있는 증상 중 해당하는 것이 있다면, 부모님과 함께 책의 뒷부분에 있는 참고 자료를 보면, 도움이 되는 많은 정보를 알 수 있을 것입니다.

활동 37

흔들리지 않고 맞서면 좋은 점은?

지금까지 여러분들은 생각이 어떻게 감정과 행동에 영향을 미칠 수 있는지에 대하여 많이 배웠습니다. 그러므로, 여러분이 긍정적으로 생각하거나 스스로 응원하는 말을 한다면 기분이 나아지고, 의욕을 잃지 않을 수 있을 것입니다.

때때로 사람들은 너무나도 응원을 받고 싶을 때가 있습니다. 그럴 때 여러분을 응원하는 말을 적어 놓은 것을 보면 도움이 됩니다. 여러분이 힘들 때 어떤 말을 해 주면 강박증에 흔들리지 않고 굳건히 맞서는 데 도움이 될까요? 자기 자신에게 해 주고 싶은 말을 아래 빈칸에 적어 봅시다.

다음 질문에 대한 대답을 생각해 보면, 빈칸을 채우는 데 도움이 될 것입니다. 강박증에 꾸준히 맞선다면 어떤 점이 좋을까요? 어떻게 여러분의 인생이 달라질까요? 강박증에 직면하는 건 왜 좋은 일일까요? 만약, 친구가 강박증으로 힘들어하고 있다면 어떤 말을 해 주고 싶나요? 어떻게 하면 자기 자신에게 친절해질 수 있나요?

옐로 카드와 경고 신호

강박증에 맞서는 방법을 배울 때, '연습이 완벽함을 만든다.'라고 했던 것을 기억하나요? 이는 여러분이 큰 성과를 올린 후에도 마찬가지입니다. 예를 들어, 여러분이 피아노를 배운다고 해 봅시다. 피아노를 배우는 건 정말 힘든 일입니다. 음표를 배우고, 코드를 배우고, 이후에 실제 곡을 연주할 수 있으려면 아주 많은 시간과 연습이 필요합니다.

이제 여러분은 피아노를 꽤 잘 치게 되었습니다. 그런데 만약, 이때 피아노를 치는 것을 그만둔다면 어떻게 될까요? 육 개월 동안 피아노를 아예 만지지도 않는다면 어떻게 될까요? 그래도 여전히 피아노를 잘 칠 수 있을까요? 아니면 연습이 좀 부족하여 예전만큼 칠 수 없을까요?

강박증도 마찬가지입니다. 여러분은 지금까지 정말 잘해 왔고 스스로 자랑스러워해도 좋습니다. 하지만 계속 그 상태를 유지하기 위해서는 연습을 계속하는 것이 중요합니다. 지금 현재 상태가 좋아도, 강박증이 다시 도졌을 때 무엇을 하면 좋을지 미리 계획을 세워 두면 좋습니다. 실제로 강박증이 다시 도지거나 오히려 조금 악화될 수도 있는데, 이는 아주 정상입니다. 그렇다고 포기하지는 마세요. 여러분이 이미 훌륭하게 연습했던 도구들은 여전히 도움이 됩니다.

이제 다빈이의 이야기를 읽어 봅시다.

다빈이의 이야기

다빈이는 강박증을 가진 8살 아동입니다. 지금은 여름방학 중이고 내일은 개학입니다. 다빈이는 지난 몇 달간 강박증에 맞서기 위해 아주 열심히 노력해 왔습니다.

하지만 지금은 여름방학이기 때문에, 다빈이는 놀고 싶었고 도구들을 그렇게 많이 연습하지는 못했습니다. 다빈이가 하는 대부분의 걱정은 부모님의 안전과 관련이 있습니다. 다빈이는 잠자리에 들기 전에 부모님께 몇 번이고 그들이 '괜찮은지' 그리고 '안전'한지 여쭤보곤 했었습니다. 또한, 다빈이는 '확실', '어쩌면', '혹시'와 같은 단어를 자주 사용했었습니다.

여름방학 내내, 다빈이는 부모님께 괜찮냐고 묻고 싶은 충동을 잘 억누르고 있었습니다. 하지만 어째서인지 오늘 밤에는 부모님께 괜찮은지 여쭤봐야만 한다는 생각이 듭니다. 그래도 다빈이는 묻지 않고 잠에 들어 보려 합니다. 하지만 뭔가 '잘못'되었다는 생각을 머릿속에서 떨쳐 버릴 수가 없습니다. 다빈이는 도구를 사용하려 했지만, 연습이 부족하다는 생각이 듭니다.

다빈이는 왜 걱정하고 있나요?

지금까지 그 많은 힘든 활동을 잘해 왔다니, 다빈이는 정말 대단하네요. 그러나 어째서인지, 다빈이는 지금 어려움을 겪고 있습니다. 왜 그럴까요? 그날 밤은 여름방학의 다른 밤들과 다른 무언가가 있었던 걸까요?

음, 다빈이는 내일 개학이군요. 아동들이 이런 날 평소와 다른 감정을 가지는 것은 흔한 일입니다. 어떤 아동은 신이 나기도 하고, 또 어떤 아동은 걱정하기도 합니다. 대부분의 아동은 이 두 가지 감정을 모두 조금씩 느낍니다. 또한, 아동들은 보통 학교에 가는 날에는 여름방학일 때보다 빨리 잠자리에 듭니다. 즉, 아마 다빈이는 평소와는 다른 일과를 보냈기 때문에 강박증으로 고생하게 된 것일지도 모릅니다. 그리고 아마 다빈이는 개학 때문에 평소보다 긴장하고 있었을 것이고요.

또한, 다빈이는 여름 방학 동안에는 도구들을 그렇게 많이는 연습하지 않았기 때문에, 강박증이 나타났을 때 도구들이 약간 녹슬어 있었을지도 모르겠어요.

왜 강박증이 심해질까요?

사람들은 모두 다릅니다. 그러나 공통적으로 아동의 강박증을 악화시키는 것들이 몇 가지 있습니다. 이를 '옐로 카드' 또는 '경고 신호'라고 부릅니다. 이들은 강박증이 다시 돌아올지도 모른다는 힌트를 주는 존재입니다. 즉, 여러분에게 튜닝이 필요할 수도 있다는 것을 의미합니다.

변화: 이는 여러분의 일상이 바뀔 때를 말합니다. 예를 들어, 할머니 네가 집으로 이사 온다거나, 친구가 바뀐다거나, 학교가 개학한다거나, 이사를 가거나 전학 가는 것 등을 말합니다.

새로운 것: 이는 여러분이 새로 시작하는 모든 것을 말합니다. 새로운 학교에 가거나, 새로운 스포츠를 해 보는 것, 또는 지금까지 한 번도 가 본 적 없는 곳에 가 보는 것 등을 말합니다.

스트레스: 이는 친구와 말싸움을 했다거나, 숙제를 많이 해야 한다거나, 시험에서 안 좋은 성적을 받았다거나 학교에서 괴롭힘을 받는 것 등을 말합니다.

여러분이 잘하고 있는지 궁금하다면, 지속 기간이나 빈도, 강도 중 바뀐 것이 있는지 알아보면 됩니다.

지속 기간: 지속 기간은 얼마나 긴가를 말합니다. 예를 들어, 얼마나 두려운 생각이 머릿속에 계속 있었는지, 또는 강박증으로 인해 여러분이 얼마나 '답답함'을 느꼈는지 등을 말합니다.

빈도: 빈도는 얼마나 자주 생기는지를 말합니다. 예를 들어, 여러분의 머릿속에 얼마나 자주 강박사고가 떠오르는지, 또는 여러분이 얼마나 자주 확인하고, 반복하고, 세고, 씻어야 하는지 등을 말합니다.

강도: 강도는 얼마나 강한지를 말합니다. 예를 들어, 어떤 특정한 생각이 여러분 머릿속에 갑자기 떠오르는 것이 얼마나 여러분을 힘들게 하는지, 또는 강박증 때문에 어떤 특정한 행동을 멈추는 것이 얼마나 힘든지 등을 말합니다.

이 세 가지가 줄어들고 있다면, 여러분이 효과를 보고 있다는 의미입니다. 만약, 이 세 가지가 늘어나고 있다면, 여러분의 강박증이 조금 나빠졌다는 뜻일지도 모릅니다. 하지만 걱정할 필요 없습니다. 그저 '생각 바꾸기', '관찰자', '시험해 보기' 도구를 다시 연습하면 되기 때문입니다.

활동 38

경고 표시 알아채기

아래에 길고 구불구불한 길이 있습니다. 도중에 삼각형이나 사각형으로 된 경고 표지판이 있는 것이 보이나요? 도형의 빈 공간에 강박증이 도지려고 할 때 나타날 수 있는 조짐을 몇 가지 써 봅시다.

힌트: 여러분이 강박증 탐정이 되었을 때를 생각해 보세요!

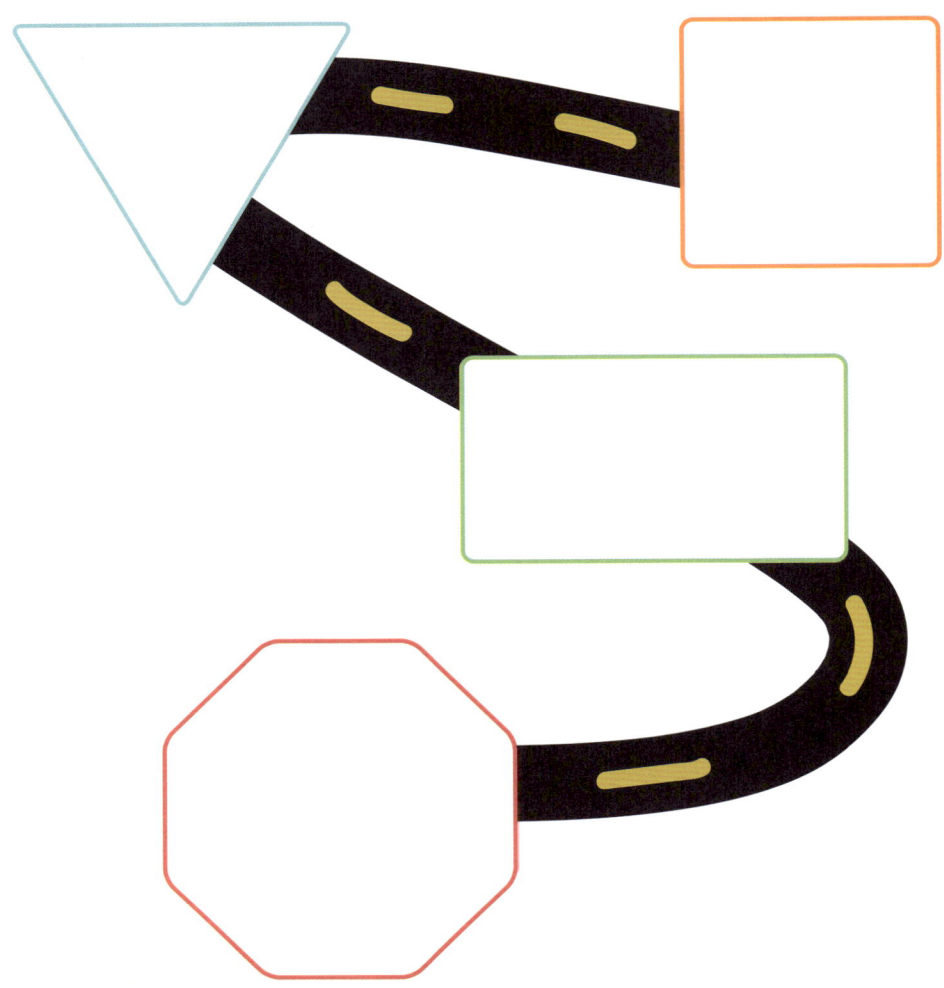

강박증이 나타나면 어떻게 해야 할까요?

가끔 강박증은 교활한 짓을 합니다. 여러분이 성과를 보려고 하면, 갑자기 새로운 강박사고나 강박행동이 생길 수도 있습니다. 그러면 너무도 절망스럽겠죠. 하지만 걱정할 필요 없답니다. 지금까지 여러분이 배우고 연습한 도구를 사용하면 되니까요.

이제 도윤이의 이야기를 읽어 봅시다.

도윤이의 이야기

도윤이는 강박증을 가진 11살 아동입니다. 도윤이는 강박증 때문에 종종 원하지 않는 이상한 생각들이 머릿속에 떠올랐습니다. 이런 이상한 생각의 대부분은 자기가 더러워진다거나 다친다거나 하는 것과 같이 자신에게 나쁜 일이 생길지도 모른다는 것에 대한 걱정이었습니다.

하지만 도윤이는 강박증에 맞서기 위해 아주 열심히 연습을 했습니다. 도윤이가 했던 생각들은 이제 대부분 머릿속에 떠오르지 않습니다. 가끔 몇 가지 떠오를 때도 있지만, 이제 별로 신경이 쓰이지 않습니다.

어느 날, 도윤이는 엄마가 다칠지도 모른다는 생각을 하게 되었습니다. 이건 이상합니다. 왜냐하면, 도윤이는 이런 생각은 지금까지 한 번도 해 본 적이 없기 때문입니다. 그전까지 도윤이는 강박증으로 인해 자신에게 일어날 나쁜 일에 대한 걱정만 했었습니다. 다른 사람에게 일어날 나쁜 일에 대한 걱정은 해 본 적이 없었습니다.

도윤이는 처음에는 조금 불안했지만, 지금까지 강박증에 맞서 왔던 것처럼 이번에도 맞설 수 있었습니다. 도윤이는 이건 하나의 생각에 불과하다는 것을 알 수 있었습니다. 도윤이는 '관찰자' 도구를 사용하여, 생각을 그저 생각으로 바라볼 수 있었습니다.

도윤이에게 공감이 돼요

도윤이와 비슷한 생각을 해 본 경험이 있나요? 도윤이는 갑자기 이상하고 무서운 생각이 들곤 했습니다. 하지만 이번에 떠오른 생각은 평소와 다릅니다. 도윤이 자신이 아닌, 다른 사람에게 나쁜 일이 생길지도 모른다는 생각이 들었습니다. 비록 이번에 떠오른 생각은 평소에 떠오르던 생각과는 조금 달랐지만, 도윤이는 이 생각도 강박증 때문이라는 것을 알 수 있었습니다. 도윤이는 당황하지 않았습니다. 또한, 강박증이 다시 처음으로 돌아갔다는 생각도 하지 않았습니다. 대신, 도윤이는 예전에 이미 성공적으로 사용했었던 기술들을 다시 사용하였습니다.

활동 39

나만의 도구상자 만들기!

지금까지 여러분은 강박증 도구상자에 많은 도구를 모았습니다. 이제 각 도구가 어디에 있는지 기억해 봅시다. 도구를 그림으로 그려 보면 기억하는 데 도움이 될 것입니다.

각 도구마다, 그 도구를 떠올리게 하는 그림을 그려 보세요. '관찰자' 도구를 예로 들면, 커다란 한 쌍의 눈이나 안경 그림을 그려 볼 수 있습니다. '시험해 보기' 도구라면, 흰 가운을 입은 과학자를 그려 볼 수 있겠죠. 또한, 현재 순간에 '닻 내리기'를 기억하기 위해, 닻을 그릴 수도 있습니다. 무엇을 그릴지는 여러분에게 달려 있습니다.

활동 40

괴물 잡기

아래에 괴물 몇 마리와 구멍이 여러 개 있습니다. 어떤 구멍에는 괴물이 튀어나와 있고, 또 어떤 구멍은 비어 있는 것이 보이나요? 빈 구멍 아래에는 여러분이 멋지게 맞선 강박사고와 강박행동을 몇 가지 적어 봅시다.

괴물이 튀어나와 있는 구멍 아래에는, 여러분에게 새로 생긴 강박사고와 강박행동을 적어 봅시다. 여러분의 머릿속에 갑자기 떠오르기 시작한 생각들이나 여러분이 반복하기 시작한 새로운 행동을 적어 봅시다.

괴물 바로 위에 있는 커다란 망치가 보이나요? 망치 옆에, 강박증에 맞서기 위해 사용할 도구를 적거나 그려 봅시다. 자, 준비됐나요? 쾅! 하고 괴물을 망치로 쳐 봅시다.

계속 우뚝이 맞서세요

정말 대단합니다. 여러분은 지금까지 정말 열심히 했고, 강박증에 대해서 아주 많은 것을 배웠습니다. 이제, 여러분의 강박증에 대해서 여러분보다 더 많이 아는 사람은 없습니다. 여러분은 이제 강박증 전문 탐정이 되었습니다. 여러분은 강박증에게 누가 여러분 몸의 주인인지 알려 줄 수 있는 다양한 팁과 요령을 배웠습니다. 또한, 강박증 이외의 문제도 해결할 수 있는 다양한 도구(균형 잡힌 생각하기, 자기 자신에게 친절해지기, 몸 진정시키기)를 도구상자에 추가했습니다.

강박증과 함께 사는 것은 힘들지도 모릅니다. 하지단 여러분은 할 수 있습니다. 연습이 완벽함을 만든다는 것을 기억하세요. 이제 여러분은 도구상자가 꽉 차 있습니다. 강박증 때문에 힘들어도 포기하지 마세요. 도구상자를 꼭 열어 보세요. 계속 열심히 해 보세요. 계속 연습하세요. 여러분은 잘못되지 않았어요. 자기 자신에게 친절해지세요. 용기를 내세요. 그리고 계속 우뚝이 맞서세요!

참고 자료

■ 웹사이트(영문)

국제 OCD 재단 (International OCD Foundation)
https://kids.iocdf.org

미국 불안 및 우울 협회 (Anxiety and Depression Association of America)
https://www.adaa.org/understanding-anxiety/obsessive-compulsive-disorder-ocd

미국 국립정신건강연구원 (The National Institute of Mental Health, NIMH)
https://www.nimh.nih.gov/health/topics/obsessive-compulsive-disorder-ocd/index.html

미국 정신질환연맹 (National Alliance on Mental Illness)
https://www.nami.org/Learn-More/Mental-Health-Conditions/Obsessive-Compulsive-Disorder

미국 질병통제예방센터 (Centers for Disease Control and Prevention)
https://www.cdc.gov/childrensmentalhealth/ocd.html

행동인지치료협회 (The Association for Behavioral and Cognitive Therapies, ABCT)
http://www.abct.org

벡 인지행동치료 연구소 (Beck Institute for Cognitive Behavior Therapy)
https://www.beckinstitute.org

ADHD가 있는 아동과 성인 (Children and Adults with Attention-Deficit/Hyperactivity Disorder, CHADD) https://www.chadd.org

미국 뚜렛 협회 (Tourette Association of America)
https://www.tourette.org

TLC BFRP 재단 (The TLC Foundation for Body-Focused Repetitive Behaviors)
https://www.bfrb.org

미국 아동 청소년 정신의학 학회 (American Academy of Children and Adolescent Psychiatry)
http://www.aacap.org

휴스턴 지역 뚜렛 행동 연구소 (Houston Area Behavioral Institute for Tourette)
http://www.habitclinic.com

심리 휴스턴, PC: 인지행동치료센터 (Psychology Houston, PC: The Center for Cognitive Behavioral Treatment)
http://www.psychologyhoustonpc.com

▪ 도서

타마르 첸스키, 『내 아이가 불안해할 때: 두려움, 공포증 없는 내 아이를 위한 실용적 지침서』 박성규, 노을이 옮김, 마인드북스(2012). (Chansky, Tamar E. *Freeing Your Child from Obsessive-Compulsive Disorder: A Powerful, Practical Program for Parents of Children and Adolescents.* New York: Harmony, 2001.)

돈 휴브너, 『머리가 꽉 막혔을 때: 아동을 위한 강박증 극복 안내서』(번역서 없음). (Huebner, Dawn.

What to Do When Your Brain Gets Stuck: A Kid's Guide to Overcoming OCD. Washington, DC: Magination Press, 2007.)

오린 핀토 와그너, 『걱정의 언덕을 누비며: 아동을 위한 강박증 치료법』(번역서 없음). (Wagner, Aureen Pinto. *Up and Down the Worry Hill: A Children's Book about Obsessive-Compulsive Disorder and Its Treatment.* Apex, NC: Lighthouse Press, 2004.)

■ 참고 문헌

데이비드 번스, 『필링 굿 핸드북: 일상생활에서 사용하는 새로운 기분 테라피』 (번역서 없음). (Burns, David D. *The Feeling Good Handbook: Using the New Mood Therapy in Everyday Life.* New York: Morrow, 1989.)

에드나 포아, 메러디스 콜스, 조나단 허퍼트, 라디카 파스풀레티, 마틴 프랭클린, 존 마치 『행동치료 41, no.1』 중 "development and validation of a child version of the obsessive compulsive inventory"(번역서 없음). (Foa, Edna B., Meredith, Huppert, Jonathan D., Pascupuleti, Radhika V., Franklin, Martin E., and March, John. "development and validation of a child version of the obsessive compulsive inventory." Behavior Therapy 41, no.1 (March 2010): 121-132. doi:10.1016/j.beth.2009.02.001))

감사의 글

제가 속한 집단 의료 기관 '심리학 휴스턴, PC(Psychology Houston, PC)'에 계신 심리학자분들의 지원과 임상적 통찰력이 없었더라면 이 책은 만들 수 없었을 것입니다. 특히 해나 가르자 박사님, 수잔 머튼-어덤 박사님, 로지 레지터 박사님, 그리고 킴벌리 스탠턴 박사님의 기여에 감사를 드립니다. 박사님들의 조언 덕분에 아동들에게 증거 기반 실습을 바탕으로 한 활동을 선보일 수 있게 되었습니다. 케이티 파 님, 저에게 이 프로젝트를 제안해 주셔서 고맙습니다. 다니엘 그로겐 님, 션 뉴콧 님, 에릭 제이콥신 님, 조쉬 무어 님을 비롯한 칼리스토(Callisto)의 모든 분들, 이 책의 초고 수정 및 다양한 도움을 주신 것에 감사드립니다. 에밀리오 살라자르 님, 당신의 적극성과 응원, 동기 부여에 아주 진심 어린 감사를 전합니다. 이렇게 짧은 시간 동안 책 한 권을 쓰는 것은 쉬운 일이 아니었기에, 저를 응원하며 자신감을 심어 주시고, 이 주제가 애초에 저에게 왜 중요한지 상기시켜 주심에 감사드립니다.